Estado, território e
imaginação espacial

JOÃO MARCELO EHLERT MAIA

# Estado, território e imaginação espacial

*O caso da Fundação Brasil Central*

**FGV**
*EDITORA*

Copyright © João Marcelo Ehlert Maia

Direitos desta edição reservados à
EDITORA FGV
Rua Jornalista Orlando Dantas, 37
22231-010 | Rio de Janeiro, RJ | Brasil
Tels.: 0800-021-7777 | 21-3799-4427
Fax: 21-3799-4430
editora@fgv.br | pedidoseditora@fgv.br
www.fgv.br/editora

Impresso no Brasil | *Printed in Brazil*

Todos os direitos reservados. A reprodução não autorizada desta publicação, no todo ou em parte, constitui violação do copyright (Lei nº 9.610/98).

*Os conceitos emitidos neste livro são de inteira responsabilidade do autor.*

1ª edição — 2012

Preparação de originais: Ronald Polito
Diagramação e capa: Ilustrarte Design e Produção Editorial
Revisão: Frederico Hartje | Sandro Gomes dos Santos

Ficha catalográfica elaborada pela
Biblioteca Mario Henrique Simonsen

Maia, João Marcelo Ehlert
    Estado, território e imaginação espacial: o caso da Fundação Brasil Central / João Marcelo Ehlert Maia — Rio de Janeiro: Editora FGV, 2012.
    224 p.

    Inclui bibliografia.
    ISBN: 978-85-225-1140-2

    1. Território nacional. 2. Fundação Brasil Central. 3. Brasil, Centro-Oeste — Colonização. I. Fundação Getulio Vargas. II. Título

CDD — 325.3817

# Sumário

| | |
|---|---|
| Prefácio | 7 |
| *Lúcia Lippi* | |
| | |
| Introdução | 13 |
| A Fundação Brasil Central (FBC) | |
| e a relação entre Estado e espaço no Brasil | 14 |
| Estudando a FBC | 18 |
| Destrinchando o Estado: processos, práticas e discursos | 22 |
| Estrutura do livro | 29 |
| | |
| 1. Estado e espaço no Brasil republicano | 33 |
| A Primeira República e os investimentos estatais | |
| sobre o território | 33 |
| O Estado Novo e o espaço | 40 |
| A Marcha para o Oeste | 46 |
| | |
| 2. Homens e práticas: | |
| a criação da Fundação Brasil Central | 61 |
| A Expedição Roncador-Xingu e as origens da FBC | 61 |
| A FBC: projetos e estrutura | 69 |
| Personagens, redes e socialização | 78 |

3. **O repertório cultural do Brasil Central** — 95
Os relatos de viagem:
aventura, romantismo e olhar colonial — 100
Geografia e geopolítica do Brasil Central — 116
As viagens científicas — 123
O romanceiro do Centro — 136
As linguagens da invenção do Brasil Central — 141

4. **As ideias que fazem o Estado andar** — 143
O Brasil Central como espaço indefinido
e movediço — 144
O olhar geopolítico — 156
O neobandeirantismo e a linguagem da aventura — 167

5. **Em busca de um fim para a FBC** — 175
Tentando reinventar a FBC — 176
O destino da ERX — 178
Os problemas do Setor Norte — 181
As usinas, os entrepostos e os problemas
administrativos e financeiros — 184

**Conclusão** — 191
O Estado que marcha — 192
A dialética do espaço: o Brasil e o mundo — 196

**Bibliografia** — 203
Fontes primárias — 203
Referências — 203

**Agradecimentos** — 221

# Prefácio

*Lúcia Lippi* *

Quando João Marcelo ingressou no Cpdoc, tomei conhecimento do autor pela sua área de trabalho, expressa em sua tese de doutorado publicada no livro *A terra como invenção: o espaço no pensamento social brasileiro* (2008), e me apressei a tentar convencê--lo a desenvolver um projeto que por motivos variados eu não pude realizar. Tínhamos, temos áreas comuns de interesse — espaço, geografia, território, nação, papel do Estado, intelectuais, pensamento social no Brasil, entre outras.

Assim que pude, alertei-o para o arquivo de João Alberto, doado ao Centro em 1997 e liberado para consulta em 2006, que até então não tinha merecido a atenção de nenhum pesquisador da casa. Figura que aparece em diversos momentos da história do Brasil, João Alberto Lins de Barros está presente no movimento tenentista, na interventoria paulista após a revolução de

---

* Socióloga e professora no Programa de Pós-Graduação em História, Política e Bens Culturais do Cpdoc (FGV-RJ). É doutora em sociologia pela USP (1986) e tem trabalhos e livros nas seguintes áreas: intelectuais, pensamento social brasileiro, patrimônio cultural e identidade nacional. Entre suas principais publicações, estão *A sociologia do guerreiro* (UFRJ, 1995), *Americanos: representações da identidade nacional no Brasil e nos Estados Unidos* (UFMG, 2000) e *Cultura é patrimônio* (FGV, 2008).

1930 e na tal Fundação Brasil Central (FBC). Tinha uma "suspeita" de sua importância, mas desconhecia a dimensão e a relevância de sua trajetória e da tal Fundação.

João Marcelo "comprou" a sugestão, desenhou seu projeto da pesquisa e o resultado é muito melhor do que eu poderia imaginar. A qualidade da pesquisa e do texto de João Marcelo ao explicitar seus objetivos, ao esclarecer como foi empreendido o trabalho e de que modo o estudo de caso da FBC se insere em suas preocupações teóricas, voltadas para discutir o papel do Estado nas regiões periféricas do mundo, deixa muito pouco para um prefaciador. Só posso dizer: leiam o livro! Vou então fazer uma pontuação sobre tópicos e questões que me chamaram a atenção.

João Marcelo nos fala no livro sobre o jornalista paulista Willy Aureli, que organiza uma Bandeira Piratininga em 1936 e escreve o livro *Roncador*, em que afirma que o objetivo de sua expedição seria hastear a bandeira nacional no alto da serra do Roncador, num gesto simbólico de incorporação dessa montanha lendária ao espaço territorial legítimo do país. Ao ler isso, não pude deixar de me lembrar da imagem dos policiais hasteando a bandeira nacional do alto do morro do Alemão no Rio de Janeiro quando a Unidade de Polícia Pacificadora (UPP) retomou em 2010 tal território dos bandidos que o dominavam. Isso nos mostra que o território continua a ser um bem simbólico fundamental que integra o conceito de soberania do Estado.

Gosto de, sempre que posso, reforçar a importância do que diz Benedict Anderson sobre as três instituições centrais na configuração dos Estados nacionais que emergiram das ex-colônias europeias também periféricas da Ásia no século XIX: o mapa, o censo e o museu. No Estado Novo brasileiro, o Instituto Brasileiro de Geografia e Estatística (IBGE) e o Serviço do Patrimônio Histórico e Artístico Nacional (Sphan) podem ser vistos como principais instrumentos voltados à construção prática e simbólica do Estado.

# Prefácio

A Expedição Roncador-Xingu (ERX) e a FBC, ambas de 1943, podem ser consideradas práticas desse mesmo processo. O Brasil Central, ao ser apresentado como um território desconhecido com limites indefinidos, foi identificado muitas vezes como espaço do sertão. Lugar inóspito, desconhecido, habitado por índios, animais e população não civilizada. Tal lugar geográfico ou social recebe uma avaliação ora positiva, ora negativa. É, assim, terra perigosa, mas também terra da promissão, fonte de riquezas e possibilidades. Oscila entre inferno e paraíso, dependendo do lugar de quem emite o discurso.

Janaína Amado trata dessa temática em seu artigo "Construindo mitos: a conquista do Oeste no Brasil e nos EUA". Examina o processo histórico de ocupação gradual das terras situadas no Oeste do Brasil e dos Estados Unidos, procurando compreender as relações que se estabeleceram entre historiografia, história e mitologia. "A conquista do Oeste brasileiro produziu dois mitos, que são complementares e opostos ao mesmo tempo: o mito do sertão e o mito da Amazônia." O sertão localizado em áreas semiáridas e a Amazônia com sua floresta luxuriante confrontam com o litoral urbano cujos habitantes têm por missão levar a civilização. No caso americano, "o mito-história do Oeste fez parte do processo de construção de uma hegemonia nacional e internacional. O mito do Velho Oeste foi um mito de inclusão: inclusão de pessoas, regiões e experiências numa única narrativa, capaz de simbolizar a nação" (Amado, 1995:67). No caso brasileiro, os dois mitos — do pobre e árido sertão e da Amazônia luxuriante — têm caráter regional, "e não são mitos de inclusão, pois não são capazes de incluir a nação inteira numa única narrativa" (Amado, 1995:68).

Voltei a esse texto de Janaína Amado ao ler o presente trabalho e pensei: de alguma forma a FBC tentou abarcar ambos os mitos e atuar sobre seus espaços — sertão e Amazônia —, ainda que com resultados diversos.

## Estado, território e imaginação espacial

A ERX e a FBC foram, como diz João Marcelo, ponta de lança do Estado numa marcha pelo que se acreditava ser o espaço desconhecido da nação.

A FBC aparece com ampla autoridade sobre uma enorme região, ainda que em disputa com poderes estaduais e municipais. Apresenta também uma situação administrativa e financeira caótica envolvendo múltiplas iniciativas, entre usinas, entrepostos comerciais, campos de pouso, estações agrícolas, que compõem a prática dessa agência. Ficaram na história duas iniciativas pioneiras e memoráveis — o Parque Nacional do Xingu (PNX), cuja criação se liga aos irmãos Villas Bôas (que o filme *Xingu* atualiza e divulga), e o serviço aéreo de assistência à saúde indígena desenvolvido por Noel Nutels.

Ao percorrer autores — Couto de Magalhães, Cassiano Ricardo, Artur Hehl Neiva, passando por Plínio Salgado entre muitos outros — que tratam deste território indefinido, o autor delineia os traços marcantes de seu imaginário: indefinição de seus limites, nomadismo de suas gentes e sua dinâmica fluvial. Em diversos momentos da leitura fui aos mapas para acompanhar os textos matrizes desse imaginário.

O livro mostra que o repertório cultural sobre o Oeste e o sertão associados ao Brasil Central compõe-se de fábulas sobre o lugar do Oeste, de relatórios dos agentes do Estado e de registros da vida política da província e dos costumes locais. E mostra como tal repertório, ainda que fragmentário, moldou as práticas expressas nos discursos burocráticos dos funcionários da FBC. Ressalta como o olhar geopolítico e colonial é mobilizado para "inventar" o espaço de atuação do Estado. Tudo isso fez tal território ser tratado como uma colônia, um "outro" interno, fronteira em movimento, um tipo de "orientalismo" no espaço territorial do país, nos diz João Marcelo. Assim conclui que o que imaginamos sobre o meio geográfico acaba por inventar um espaço que passa a receber a atuação do Estado.

# Prefácio

Percorre também experiências históricas como a Coluna Prestes e o tenentismo, as viagens dos sertanistas independentes e dos sanitaristas que ajudam a formar "linguagens burocráticas que combinavam um olhar geopolítico sobre o território brasileiro a uma narrativa por vezes quase romântica sobre os agentes estatais e seus papéis".

Os relatos sobre o Brasil Central, especialmente dos viajantes que por lá estiveram, falam de um espaço em decadência, em ruínas, o que se contrapõe ao sonho/projeto de ser ali uma terra de possibilidades. O confronto entre a velha capital, Goiás, e a nova capital, Goiânia, expressa tal dicotomia.

Naquele espaço a imaginação e a geopolítica se cruzaram com a história. As ruínas da colonização anterior, os vestígios da passagem dos bandeirantes permitem a associação da nova colonização com o bandeirantismo. O presente dos anos 1940 e 1950 lança mão de um passado dos séculos XVII e XVIII para dar sentido a um projeto de futuro.

O futuro já chegou, e tal espaço, é preciso lembrar, passou em anos mais recentes a ser palco de novas incursões não mais da FBC, mas da Empresa Brasileira de Pesquisa Agropecuária (Embrapa). Não é mais o sertão, agora é o cerrado transformado em celeiro das *commodities*. Não recebeu levas de imigrantes ou de sertanejos pobres, e sim de gaúchos agricultores expulsos pelo esgotamento de terras disponíveis no Sul. Virou o espaço por excelência do agronegócio com todas as suas contradições e possibilidades.

Restou a Amazônia como mito e como invenção nacional e internacional. Foi também uma visão geopolítica que orientou a atuação do Estado na região da Amazônia nos anos 1970 durante a ditadura militar. A Amazônia era vista como um enorme espaço verde a ser convertido em vida social. Era um obstáculo que a civilização deveria vencer. Assim, abriram-se estradas (a Transamazônica), canalizou-se população para povoar a região, abriu-se a região para a mineração (Serra Pelada), para a criação do gado, para a criação de polo de industrialização (Zona Franca de Manaus). A Amazônia se torna, então, "região de fronteira" e como tal concentra extrema violência e anomia.

A Amazônia brasileira hoje assiste a migrações de outras regiões do país, tem uma fronteira agrícola vinda do Centro-Oeste gerando uso produtivo da terra (não mais "fundo territorial"). Tudo isso produz o chamado "arco do desmatamento" que avança a partir do norte de Mato Grosso e do sudoeste do Pará. Só que agora as "florestas tropicais úmidas" merecem um olhar atento dos ambientalistas de todo o mundo. A Amazônia passa a ser vista como unidade de conservação sob a responsabilidade global comum, já que agora cuidar da natureza é tido como missão civilizatória e questão de sobrevivência do planeta.

Será que os mitos do sertão do Centro-Oeste rico e da floresta Amazônica ameaçada deixarão de ser regionais e passarão a integrar uma só narrativa nacional? Ou isso não faz mais sentido?

## Referência

AMADO, Janaína. Construindo mitos: a conquista do Oeste no Brasil e nos EUA. In: PIMENTEL, Sydney Valadares; AMADO, Janaína (Org.). *Passando dos limites*. Goiânia: UFG, 1995.

# Introdução

No dia 15 de março de 2011, centenas de trabalhadores quebraram carros e incendiaram alojamentos no canteiro de obras da hidrelétrica de Jirau, em Rondônia. Insatisfeitos com as precárias condições de trabalho, esses operários foram convocados ao noroeste brasileiro devido às obras do Programa de Aceleração do Crescimento (PAC), iniciativa lançada no segundo mandato de Luiz Inácio Lula da Silva (2007-10) que visava retomar o processo de investimento estatal em infraestrutura. O quebra-quebra foi alvo de reportagens, matérias em revistas e artigos de especialistas, servindo como evidência das contradições que envolvem o novo desenvolvimentismo brasileiro. Entretanto, poucos se preocuparam em situar o triângulo formado por Jirau, Santo Antônio e Belo Monte como apenas um capítulo mais recente da longa história envolvendo o Estado e o território no Brasil, geralmente marcada por grandes projetos de desenvolvimento e impressionantes deslocamentos humanos pelo espaço nacional. Este livro parte de um estudo de caso ocorrido há quase 70 anos, no âmbito da chamada Marcha para o Oeste conduzida pelo Estado Novo varguista, para tentar dar conta de tal história.

Estado, território e imaginação espacial

Nas próximas páginas, o leitor encontrará o resumo desse caso e o roteiro que percorri para entendê-lo. Espero que encontre também uma chave para desvendar os principais enigmas do desenvolvimento no Brasil contemporâneo: como conciliar crescimento econômico com o uso racional e democrático do território? Como fazer com que os custos do desenvolvimento não recaiam sempre sobre os setores subalternos da sociedade? Caso desejemos que o violento protesto dos trabalhadores nos confins do Brasil setentrional não se repita novamente, é melhor voltarmos nosso olhar para outros capítulos desta longa marcha brasileira. E é no Oeste que essa história sempre teve seus principais momentos.

## A Fundação Brasil Central (FBC) e a relação entre Estado e espaço no Brasil

No dia 7 de agosto de 1943, 50 homens partiram da cidade de São Paulo pela estrada de ferro Mogiana em direção a Uberlândia, então conhecida como "boca do sertão". Munidos de doações de combustível, bebidas e sapatos, esses homens deixaram a capital paulista sob as bênçãos das elites locais, em ambiente festivo e patriótico. A partir de Uberlândia, essa expedição, que contava com uma vanguarda de 23 homens, seguiu para o interior de Goiás e Mato Grosso com a missão de desbravar áreas tidas como inexploradas e selvagens. Esses homens faziam parte da Expedição Roncador-Xingu (ERX), uma inusitada aventura oficial impulsionada pelo Estado Novo no âmbito da chamada Marcha para o Oeste, programa varguista que buscava expandir a autoridade pública pelos espaços do Brasil tidos como "vazios", tal como a Amazônia e o Centro-Oeste.

Introdução

Poucos meses depois, ainda em 1943, o então ministro da Coordenação de Mobilização Econômica[1] e animador da expedição, o antigo líder tenentista João Alberto Lins de Barros, assumiria o posto de presidente da Fundação Brasil Central (FBC), órgão público que iria incorporar a ERX e incrementar o processo de desbravamento e colonização de um vasto território do chamado Brasil Central, área sobre a qual não havia nem mesmo um consenso exato sobre seus limites e potencialidades.

Em pouco tempo, a FBC criaria cidades (como Aragarças e Xavantina, ambas existentes ainda hoje), construiria campos de pouso, organizaria viagens de cientistas naturais e antropólogos, contataria pela primeira vez grupos indígenas nas regiões de Mato Grosso e falharia espetacularmente ao tentar controlar usinas de cana e ferrovias. Sua história é um capítulo crucial da relação do Estado brasileiro com o espaço da nação — relação marcada por projetos grandiosos de desenvolvimento, cidades planejadas, disputas de terras, migrações forçadas de homens e alguns feitos impressionantes, dos quais a própria capital do país é o exemplo mais conhecido. Entender como foi possível a existência da FBC, e por que seus homens puderam pensar o que pensaram, do jeito que pensaram, é o que me motivou a realizar a pesquisa que deu origem a este livro.

Este, portanto, não é um livro sobre a história institucional da FBC desde sua fundação em 1943 até sua extinção em 1967, quando foi incorporada à Superintendência de Desenvolvimento do Centro-Oeste (Sudeco). A sucessão de presidentes, diretores e funcionários, bem como a descrição de cada projeto ou iniciativa, só me interessa na medida em que auxilie a responder ao desafio posto acima. Assim, concentro-me no primeiro momento da FBC, que começa em 1943 na gestão de João Alberto

---

[1] A Coordenação de Mobilização Econômica fora criada em outubro de 1942 com amplos poderes para regular a economia brasileira num contexto de guerra.

e vai até 1950, com a gestão do general Borges Fortes de Oliveira. A partir daí, a FBC perderia muito de sua capacidade de lançar grandes planos e projetos para a região, adequando-se à estrutura mais rotineira da administração pública. Ao focar esse breve período, meu objetivo é apreender o momento carismático da constituição dessas práticas estatais e sua relação com formas pretéritas de imaginar o Brasil Central.

Esta história relaciona-se a um problema teórico mais amplo, formado pela conexão entre ideias e práticas estatais. Interessa-me contar como a imaginação espacial brasileira formatou as práticas estatais da FBC. Em outras palavras, este livro explica como certas ideias sobre o território nacional moldaram as formas do Estado brasileiro, traduzindo-se em relatórios, cartas e planejamentos que buscaram impulsionar uma delirante aventura estatal.

Para contar essa história, vali-me de quatro conjuntos bibliográficos e três conjuntos de fontes primárias, esses últimos produzidos pelos próprios agentes da FBC. No caso da bibliografia utilizada, ela se divide em: (a) estudos de cientistas sociais e historiadores sobre a relação entre Estado e espaço no Brasil (mais empregados no capítulo 1); (b) estudos teóricos sobre os processos de formação do Estado moderno (analisados ao longo desta introdução); (c) estudos sobre o Estado Novo e sua produção intelectual; (d) livros e ensaios clássicos relativos à produção de imagens espaciais relacionadas ao Brasil Central, objeto por excelência da análise feita no capítulo 3.

Com relação aos três conjuntos de fontes primárias, o primeiro refere-se aos arquivos privados de João Alberto Lins de Barros, Artur Hehl Neiva e Paulo de Assis Ribeiro, todos personagens importantes na configuração inicial da FBC. Os dois primeiros estão guardados no Centro de Pesquisa e Documentação em História Contemporânea do Brasil (Cpdoc), enquanto o último encontra-se no Arquivo Nacional (AN), no Rio de

# Introdução

Janeiro. O segundo conjunto refere-se aos documentos arquivados no Museu do Índio (MI) sobre as práticas indigenistas da FBC. O terceiro conjunto, o mais vasto e desorganizado de todos, encontra-se na Coordenação Regional do Arquivo Nacional (ANB), localizada em Brasília. Lá existem mais de 100 caixas não codificadas nas quais há numerosos dossiês contendo mapas, relatórios, telegramas, cartas, regulamentos e ofícios produzidos por diversos agentes da FBC. Esses três conjuntos foram trabalhados de duas maneiras diferentes. Uma primeira perspectiva buscou enquadrar o material em busca de marcações cronológicas e históricas que me permitissem montar a história institucional da FBC. Esse mapa foi crucial para entender um pouco das ligações entre a instituição e outros órgãos estatais. Essas ligações não eram muito claras na bibliografia, e não estou certo de ter avançado de forma significativa, mas creio ter logrado produzir um quadro mais preciso sobre as múltiplas facetas da FBC. Numa segunda perspectiva, tomei essas fontes oficiais em conjunto, buscando analisar suas formações discursivas. Meu interesse, portanto, residia na possibilidade de analisar o discurso veiculado sobre o Brasil Central e a linguagem estatal que se gestava ali. Ao fazer isso, relacionava essas fontes ao chamado pensamento social brasileiro, evidenciando de que forma o repertório cultural sobre a região foi empregado no discurso burocrático.

Antes de começar, um último alerta. Como resultado de uma pesquisa científica, este livro tem uma evidente ambição acadêmica. Afinal, discutir a relação entre ideias e Estado, bem como a natureza do que seja o pensamento social brasileiro, é um exercício que pode empolgar numerosos colegas interessados em tais temas, mas não necessariamente uma grande audiência. Entretanto, entender como a FBC foi possível, esmiuçar os bastidores do Estado brasileiro num de seus momentos cruciais de formação moderna, é assunto que creio ser de interesse geral. Num país periférico como o Brasil, o Estado foi responsável por boa parte dos projetos de desenvolvimento econômico e social, e suas ações produziram múltiplos efeitos sobre a vida cotidiana de todos nós. As relações desse Estado com as necessidades de acumulação de capital de grandes setores empresariais nacionais e internacionais ainda hoje impulsionam grandes obras, como hidrelétricas na Amazônia ou estaleiros no Rio de Janeiro. Conhecer a construção desse Estado nos ajuda a reforçar o debate democrático sobre nossos padrões de desenvolvimento.

## Estudando a FBC

A FBC e a Marcha para o Oeste já foram objetos de estudo de vários pesquisadores. São muitos os trabalhos que se dedicaram a dissecar o discurso e a ideologia da Marcha, com especial atenção para a construção estatal de uma imagem da fronteira interna brasileira. Essa perspectiva informou os trabalhos clássicos sobre o tema, como os de Neide Esterci (1977), Otávio Velho (1976) e Alcir Lenharo (1986). Todos esses estudos empreenderam vigoroso trabalho de crítica à ideologia de brasilidade que organizaria as ações do Estado varguista no Brasil Central, evidenciando sua relação com a obra de Cassiano Ricardo (caso de Neide Esterci), analisando seu papel na construção ideológica do capitalismo autoritário (caso de Otávio Velho), ou ainda enfatizando seu objetivo de legitimar a expansão das relações capitalistas no campo (caso de Alcir Lenharo). Em boa parte desses estudos, enfatizou-se também a dimensão autoritária da Marcha para o Oeste, que adotava uma ideologia da pequena propriedade rural como símbolo de uma suposta "democracia" capitaneada por um vigoroso Estado que se sobrepunha aos espaços da região. Análise mais matizada foi feita por Lúcia Lippi Oliveira (2008), que destacou a conexão entre o discurso estado-novista

Introdução

e o pensamento social e geográfico brasileiro, investigando não apenas os escritos de Cassiano Ricardo, mas também os textos de Oliveira Vianna e Euclides da Cunha.

Estudos mais focados nos projetos específicos da Marcha apontaram sua conexão com outras iniciativas estatais no período, tais como o Instituto Brasileiro de Geografia e Estatística (IBGE) e os serviços de colonização e imigração, além de institutos dedicados à dinamização da economia regional de Mato Grosso (Dayrrel, 1974; Albanez, 2003). Esses estudos também apontaram a importância de analisar o papel das elites locais na região do Brasil Central, em especial aquelas que ascenderam após a Revolução de 1930 e se identificavam com um projeto modernizador, organizando publicações, como a revista *Oeste*. Como afirma Dayrrel (1974), é possível notar uma recomposição dos grupos de elite político-intelectual em Goiás nos anos 1920 e 1930, com a emergência de setores não umbilicalmente ligados à grande propriedade, que se organizavam em jornais com agendas modernizadoras. Estudos mais recentes, feitos no âmbito de pesquisas sobre a história da saúde no Brasil, evidenciaram a relevância de elites intelectuais e profissionais regionais (médicos, por exemplo) na construção de um discurso autorizado sobre as características do Brasil Central (Vieira, 2007; Kropf, 2008).

No campo da historiografia, uma escola mais recente buscou inserir a Marcha no programa agrário varguista, usualmente alvo de pouca atenção dos estudiosos, dada a suposta ausência de efetivas políticas rurais do Estado Novo. Essa escola pôde destacar tanto a inserção do campo brasileiro no fordismo periférico do período (Teixeira da Silva, 1998), por meio de políticas que visavam incorporar e modelar de forma autoritária os trabalhadores rurais ao projeto estatal, quanto o papel ativo dos trabalhadores rurais na utilização da linguagem dos direitos para interpelar patrões e fazendeiros (Ribeiro, 2001).

## Estado, território e imaginação espacial

Na seara dos estudos sobre indigenismo, a Marcha foi vista como mais uma iniciativa do poder tutelar que marcaria a lógica de atuação do Estado brasileiro (Souza Lima, 1995; Menezes, 2000). Assim, é possível afirmar que o saldo analítico desses trabalhos aponta para a constituição de um forte aparato autoritário do Estado, que via no controle do território nacional a realização de objetivos econômicos, militares e políticos.

Mais recentemente, uma nova literatura veio indicar as falhas nessa visão de um Estado Leviatã, evidenciando o quanto suas iniciativas esbarraram em numerosas adversidades, como resistência indígena, missões religiosas, poderes locais etc. É o caso do livro de Seth Garfield (2001), no qual se sustenta a ideia de que a Marcha não foi uma simples iniciativa *top-down*, devendo ser mais bem entendida como um processo que implicou negociações e retrocessos constantes.

No caso da FBC, é possível dizer que as pesquisas seguiram os diagnósticos mais amplos feitos sobre a Marcha. De forma geral, eles se dividem entre os que estão interessados no impacto da FBC sobre a política indigenista e a formação do poder tutelar no Brasil (Souza Lima, 1995; Menezes, 2000) e os que buscam entender o processo de expansão de fronteiras econômicas e políticas durante o Estado Novo (Dayrrel, 1974; Dutra e Silva, 2002; Maciel, 2006). Não fosse essa uma definição tosca, seria possível dizer que o primeiro grupo orienta-se para o campo da antropologia, enquanto o segundo, para estudos de sociologia política e história.

Não devem causar espanto os múltiplos interesses despertados pela FBC. A longevidade dessa agência (1943-67) e a extensão de suas atribuições e de sua área de atuação fizeram com que estivesse envolvida em diversos capítulos do processo de afirmação da autoridade central no Brasil. Populações indígenas, trabalhadores rurais, migrações, colonização agrária dirigida, conflitos no campo e desenvolvimento do aparelho estatal

## Introdução

são alguns dos temas que, dependendo do recorte, obrigam um pesquisador a voltar seus olhos para a FBC.

Junto-me, portanto, a esse vasto campo de pesquisas partindo de meus interesses específicos. Tendo sido treinado no estudo do pensamento social brasileiro, interessei-me justamente pela relação entre as práticas estatais de colonização empreendidas pela FBC e as imagens espaciais sobre o Oeste e o Brasil Central produzidas ao longo da experiência republicana brasileira. A construção de meu objeto implica tomar a FBC como um estudo de caso, exemplo "bom para pensar" as práticas estatais no Brasil e sua gênese cultural.

Esse enfoque não é totalmente inédito. Em boa parte das pesquisas citadas, há uma evidente preocupação em decifrar o trabalho simbólico que permitiu a existência e a atuação da FBC. Entretanto, esse aspecto permaneceu em lugar subalterno, em razão do próprio enfoque analítico escolhido, diverso do apresentado neste livro. Muitas vezes, a relação entre ideias, pensamento e práticas de Estado concentrou-se na análise do mito "bandeirantista" consagrado na literatura de Cassiano Ricardo (Esterci, 1977). Em outras, a gênese intelectual de práticas como a da FBC foi investigada por meio de conceitos como "guerra de conquista" e "poder tutelar", abrindo espaço para uma história ideológica de longa duração, como se o dispositivo colonial se reproduzisse nas modernas estruturas do Estado brasileiro, caso do livro seminal de Antônio Carlos Souza Lima (1995). De forma geral, houve uma grande preocupação em decifrar o trabalho de produção ideológica efetuado pelos intelectuais do Estado Novo, que reatualizaram clássicas interpretações sobre o Brasil e seus espaços interiores.

Ainda falta, contudo, investigar a multiplicidade de linguagens que instituíram o Brasil Central como objeto de ação estatal, conforme sugere Lúcia Lippi Oliveira (2008) em seu texto sobre o pensamento geográfico e a Marcha para o Oeste. Cassiano

Ricardo e a mitologia bandeirantista formam apenas um capítulo dessa imaginação, que comporta ainda os ensaios de geopolítica que começaram a ganhar corpo na década de 1930, os relatos de viagem aos rios Araguaia e Tocantins produzidos ainda no século XIX e reeditados no âmbito das coleções Brasilianas do século XX, o romanceiro local sobre o Brasil Central e os próprios relatórios produzidos por expedições científicas e militares. Só conseguiremos desvendar a linguagem de Estado disseminada em relatórios, ofícios e documentos da FBC se atentarmos para esse vasto universo simbólico, que constituiu um conjunto de imagens, formas de narrar e modos de imaginação do Brasil Central. Esse é o eixo deste livro. Resta, contudo, apresentar as ferramentas teóricas que utilizo para alcançar tal meta. A seção seguinte dedica-se a isso.

## Destrinchando o Estado: processos, práticas e discursos

A partir dos anos 1970 assistiu-se a um verdadeiro *revival* do Estado como objeto de pesquisa. Se durante um bom período a sociedade e a economia pareciam ser as forças que determinavam a constituição do aparato de dominação, vários teóricos e investigadores passaram a voltar sua atenção para a autonomia do Estado. No marxismo, nomes como Nicos Poulantzas (1972) e Bob Jessop (1982) tentavam identificar as dinâmicas mais propriamente "estatais" presentes no trabalho de dominação de classe, explorando ao limite o tema marxiano da autonomia relativa da política. No campo mais próximo da obra de Weber, o grupo organizado em torno do livro *Bringing the State back in* (Evans, Rueschemeyer e Skocpol, 1985) reafirmava a necessidade de estudar as burocracias e as lógicas autônomas de ação dos grupos que manejavam as redes estatais. Tratava-se, portanto, de reafirmar não a autonomia do objeto, mas a autonomia de ação dessa

## Introdução

entidade, afastando a ideia pluralista de que o Estado seria uma simples arena na qual as forças da sociedade se enfrentariam.

Entretanto, parte dessa vasta literatura parecia analisar o Estado numa chave por demais macro-histórica, tomando-o como um ator coletivo hipostasiado, espécie de personalidade singular dotada de interesses e racionalidade. No caso do marxismo, permanecia o problema da centralidade das relações de classe na determinação em última instância da ossatura material do aparato estatal, que impedia uma análise mais particular das diferentes configurações do Estado moderno. Em artigo seminal, Timothy Mitchell (1991) estabeleceu as bases para uma discussão sobre o Estado que evitava a reificação desse objeto. Mobilizando um arsenal claramente foucaultiano, Mitchell chamava a atenção para a necessidade de estudarmos as práticas estatais e sua dinâmica histórica, pois elas nos permitiam averiguar como o Estado era menos um objeto bem-definido do que uma fronteira constantemente traçada, da qual a "sociedade" ocupava o outro lado. O Estado emergia continuamente, e sua própria instituição legítima deveria ser o alvo de estudos — e não tomada como algo dado. A despeito de não concordar com a crítica que Mitchell faz ao estudo das ideias sustentadas por agentes estatais — ele considera tal abordagem muito "intencionalista" e metafísica —, creio que seu artigo sintetiza numa chave teórica específica uma abordagem mais ampla, que era tratada por diversos autores e correntes intelectuais, e que apontava para uma abordagem processual do Estado. À explicação dessa abordagem me dedico nas próximas páginas, pois a literatura que a compõe forneceu o conjunto de conceitos e categorias que me auxiliou a destrinchar a FBC. Assim, mais do que burocrática resenha bibliográfica, as linhas que se seguem são uma apresentação da linguagem que conduz a narração deste livro.

No campo da sociologia, autores como Charles Tilly (1996), Norbert Elias (1990) e Michael Mann (1986) já vinham explorando uma perspectiva histórico-processual, enfatizando o tema da *formação* e os distintos caminhos que poderiam levar à configuração de redes de autoridade centralizadas. O escopo comparativo dos trabalhos de Tilly foi extremamente útil ao evidenciar como não há nada de natural ou inevitável na conformação do moderno Estado-nação europeu, que teria emergido como uma solução institucional entre outras possíveis. Ao destacar as formas de competição militar entre Estados, Tilly enfatiza o quanto os desenhos finais do Estado moderno dependeram da articulação entre as variáveis da coerção e do capital, escapando e muito ao planejamento consciente de príncipes ou burocratas. No caso de Elias, seu enfoque de longa duração permitiu enfatizar a longa acumulação de poderes estatais num contexto de "pacificação" das sociedades, marcado pela produção de uma nova economia moral dos indivíduos. Já Mann, por sua vez, buscou construir uma elaborada teoria que evitasse as aporias tanto dos neomarxistas quanto dos neoweberianos. O objetivo de seu trabalho é chegar a um entendimento não substancialista do Estado que dê destaque às dinâmicas de organização das redes de poder que se entrelaçaram para formar o moderno Estado-nação. Ao rejeitar as discussões sobre as relações entre política e economia como reinos separados e autônomos da vida social, Mann propõe uma análise logística da construção do aparato estatal, que dê conta da acumulação de toda sorte de infraestrutura (comunicações, cultura, dispositivos militares etc.) que possibilitou a existência desse fenômeno contemporâneo.

Esses trabalhos de sociologia histórica deram uma decisiva contribuição ao estudo do Estado à medida que destacaram os processos que estruturaram a imposição de poder estatal. Tanto Tilly quanto Mann, por exemplo, ressaltaram a não naturalidade do tipo atual de Estado e, consequentemente, reforçaram a necessidade de estudar o longo caminho que possibilitou tamanha concentração de poder político-militar, bem como as diferentes

## Introdução

fontes de seu exercício (caso de Mann). Essa grande angular, contudo, pode obscurecer as dimensões concretas envolvidas na construção cotidiana do Estado em seus espaços de atuação, tema que mobilizou o interesse de antropólogos e de cientistas sociais próximos às discussões desse campo.

Em seu clássico estudo sobre a Revolução Inglesa, Phillip Corrigan e Derek Sayer (1985) enfatizavam a longa duração da construção estatal e as performances culturais e simbólicas que marcavam o estabelecimento de sua hegemonia. Em obra coletiva dedicada à Revolução Mexicana (Joseph e Nugent, 1994), diversos autores exploraram essa ideia e ressaltaram que o processo de imposição de autoridade demandava negociação cotidiana, o que implicaria não tomar o Estado nem como um *a priori* que dispensa explicações, nem como uma máquina coesa que simplesmente impõe regras no modelo *top-down*. Ao enfatizar a necessidade de destrinchar os recursos simbólicos e práticos operados nesse processo de longa duração, os organizadores afirmam:

> Nossa insistência coletiva em ver hegemonia, cultura, consciência e experiência em *movimento histórico* é em boa medida motivada pela conceituação, intimamente associada, das formações estatais como essencialmente processos culturais que têm consequências manifestas no mundo material [Joseph e Nugent, 1994:13, grifo do original, trad. livre].

Como se percebe, o programa desse grupo implica uma forte atenção às dimensões simbólicas e culturais do processo de construção da ordem estatal, aproximando-se, portanto, dos pressupostos teóricos que guiam este livro. Essa virada "cultural" é mais explícita na coletânea organizada por George Steinmetz (1999), em que numerosos autores buscam aquilatar o peso da cultura nos processos de *State-formation*. A despeito da variedade de abordagens, que oscilam entre análises internalistas de discursos e investigações mais empíricas de processos históricos, praticamente todos os autores evitam tratar a cultura como uma essência coesa e a-histórica, espécie de resíduo misterioso que sobra após a análise política supostamente "séria", focada em interesses. Não à toa, torna-se fundamental o recurso à antropologia, que já há algum tempo vem se voltando para o estudo do Estado.

Nessa seara, autores como John Comaroff e Jean Comaroff (1992) postularam a necessidade de uma etnografia das práticas de colonização, evidenciando o quanto o Estado deve ser entendido com base nos processos empíricos de imposição e negociação da autoridade. Nesse registro, o pesquisador volta-se para casos particulares em que agentes estatais e os sujeitos objetos de sua autoridade produzem contextos de significação em torno do Estado. No Brasil, trabalhos reunidos por Antônio Carlos Souza Lima (2002) dialogaram com a sociologia histórica de Tilly e Elias e com essas etnografias estatais para sustentar que a autoridade pública é produzida de forma prática em contextos de estatização, e não pressuposta a partir da delimitação do Estado como uma subjetividade coesa. Esses trabalhos têm o mérito de destacar a relação entre as práticas estatais e os mecanismos de sujeição colonial, que não seriam restritos ao período histórico tido como "pré-moderno".

De forma geral, todas essas contribuições me permitiram analisar a FBC como um conjunto específico de práticas estatais, com ênfase nos processos de territorialização da autoridade, que me pareceram centrais para meu objeto. Isso evitou tomar essa agência como uma simples executora de uma vontade coletiva coesa e predeterminada, que simplesmente emanaria do "alto" da máquina estatal até suas múltiplas ramificações. Como se verá no capítulo 2, essa abordagem me fez atentar para os personagens e as situações que marcaram a construção dessas práticas.

# Introdução

No entanto, como estudar um objeto não apenas já extinto, como também disperso, que se impôs aos cidadãos brasileiros num extenso espaço, deixando rastros incontáveis e fragmentados? Impossível a opção por um estudo de campo, a não ser que esse esteja orientado para o tema da memória — do qual é ótimo exemplo o livro de Manuel Ferreira Lima Filho (2001) sobre a FBC. Optei por seguir algumas sugestões de Arturo Escobar (1995), que em clássico trabalho sobre a fabricação do conceito de Terceiro Mundo enfatizou a rentabilidade analítica de uma etnografia institucional, que tome por objeto os discursos estatais disponíveis em relatórios, correspondências e demais produções textuais feitas por agentes do Estado. Esses discursos não seriam simples representações, uma vez que produziriam efeitos no mundo ao categorizar e organizar personagens e objetos tidos como legítimos alvos da ação das autoridades. Não foi outra a abordagem que adotei no caso da FBC, pois eu me interessava justamente pela relação entre ideias e práticas estatais.

No caso dos estudos sobre a relação entre Estado e ideário modernista, um dos trabalhos incontornáveis para a discussão é a obra de James Scott, não por acaso intitulada *Seeing like a State* (1988). Nela, Scott analisa a emergência do que ele classifica como "alto modernismo", uma ideologia marcada pela crença inabalável no progresso e na racionalização dos espaços humanos, processo a ser conduzido por um aparato estatal fortemente burocratizado. Uma das condições fundamentais para a operação do alto modernismo seria a legibilidade, isto é, a capacidade do Estado de identificar e rotinizar elementos dos espaços naturais e urbanos que delimitariam as áreas de sua atuação. Mapas, censos, fotografias, relatórios e outras peças da imaginação burocrática seriam os mecanismos pelos quais o alto modernismo lograria produzir espaços estatizados. Isso, é claro, não seria um processo tão tranquilo quanto imaginavam os burocratas, pois implicaria conflitos com os setores sociais que viviam nesses lugares e partilhavam outras formas de imaginação sobre eles. Não por outro motivo, o livro de Scott é pródigo na descrição dos absurdos e horrores contidos nos programas de coletivização agrícola na União Soviética, ou nos processos de reorganização de vilas rurais na Tanzânia, países onde o alto modernismo ganhou tradução socialista. A despeito de discordar dos extremos poderes conferidos por Scott ao Estado moderno, que parece não encontrar obstáculos para sua efetivação, bem como de sua visão sobre o alto modernismo, que parece ignorar as conexões entre as linguagens do Estado moderno e formas pretéritas de imaginação social, creio que seu foco nas utopias estatais é extremamente interessante. Além disso, a ênfase que dá às relações entre imaginação do Estado e território é bastante frutífera para pensar o caso da FBC.

Escobar e Scott não foram os únicos a realçar o aspecto discursivo da ação estatal. Thomas Hansen e Finn Stepputat (2001) utilizaram o conceito de *languages of stateness* para apresentar os trabalhos que organizaram em sua coletânea, todos dedicados a dissecar as diversas formas pelas quais o Estado foi imaginado e representado em contextos etnográficos particulares. Esse conceito me foi de extrema valia para traduzir as práticas estudadas em um conjunto particular de linguagens estatais, cujas conexões com o pensamento brasileiro eu analiso. Assim, quando o leitor se deparar com a expressão "linguagens do Estado" ou "linguagens do Brasil Central", deverá atentar para os modos de cognição produzidos pelas práticas estatais, isto é, para as formas discursivas e comunicativas pelas quais o Estado se constitui e se legitima. O conceito também vai além da ideia de ideologia, que supõe uma coesão muito maior entre as diversas produções simbólicas e discursivas estatais, o que impede a percepção de dissonâncias e especificidades.

Finalmente, resta inquirir qual é a relevância de estudar uma agência periférica na grande malha do Estado brasileiro. O que se pode dizer de significativo sobre o Estado em geral a partir desse pequeno caso que analiso neste livro? Alguns estudos exploraram a singularidade das práticas estatais em espaços tidos como marginais ou fronteiriços (Das e Poole, 2004). Esses trabalhos procuraram desconstruir a clivagem entre centro-ordem × margens-desordem, sugerindo que é justamente nos territórios não plenamente regulados que o Estado se recriaria constantemente, animado por dinâmicas inesperadas e resistentes à normatização cívica. Ora, é esse o caso da FBC, destinada a agir sobre espaços tidos como "vazios" ou "inorgânicos". O Brasil Central foi um lugar crucial para a própria remodelação do Estado brasileiro, já que em seus terrenos disseminaram-se práticas de colonização e regulação da vida que ainda hoje são típicas da relação desse aparato com os cidadãos. Ou seja, estudar as práticas estatais da FBC e suas linguagens nos anos 1940, assim como o repertório cultural anterior que as constituiu, permite-me surpreender um capítulo central na constituição mais geral do Estado. É esse enquadramento que espero interessar ao leitor não especializado. Minha esperança é a de que essa "pequena" história periférica ilumine a "grande" história da construção do moderno Estado brasileiro.

## Estrutura do livro

O livro tem cinco capítulos. No primeiro, apresento uma visão mais geral sobre a relação entre Estado e território na Primeira República. O objetivo é fornecer ao leitor um quadro histórico que lhe permita entender melhor o lugar da FBC na história nacional. Ao usar a literatura disponível sobre o tema, meu interesse é provar que a FBC não foi um raio no céu azul. Ela é parte importante num longo processo de investimentos estatais sobre o território, que não foram inaugurados pela Marcha para o Oeste ou pelo Estado Novo.

O capítulo 2 apresenta o processo de criação da FBC, destacando seus personagens principais, sua estrutura jurídica e seu planejamento inicial, bem como o discurso que caracterizava as iniciativas estado-novistas referentes à conquista do Brasil Central. Meu objetivo é evidenciar ao leitor as redes que constituíram de forma prática esse empreendimento estatal e explicar como foi possível tamanha acumulação de poder político num só órgão. Ao mesmo tempo, preocupo-me também em analisar as formas de experiência social dos personagens principais dessa aventura, pois acredito que só assim podemos conferir mais concretude a essas redes.

O capítulo 3 mergulha no que chamo de repertório cultural do Brasil Central. Tomo como fonte livros, relatórios científicos e militares, romances, ensaios geográficos e demais registros que nos permitem entender as diferentes imagens espaciais associadas ao Brasil Central e ao Oeste. Esse repertório foi disseminado ao longo do período republicano, consolidando-se de forma mais clara nos anos 1930. Esse exercício é fundamental para entender as linguagens empregadas pelos agentes da FBC para falar sobre a região.

Essas linguagens do Estado são analisadas no capítulo 4, em que disseco diversas fontes relativas às práticas estatais da FBC, como relatórios oficiais, correspondências, diários e outras peças expressivas escritas por personagens dessa empreitada. Meu objetivo é mostrar como a análise dessas fontes me possibilita apreender a relação entre as práticas estatais e o repertório cultural sobre a região. São três as principais características da linguagem da FBC: (a) o olhar geopolítico e colonial do Estado sobre o Brasil Central; (b) a indefinição a respeito da própria delimitação da região, tida não apenas como extensa e indefinível, mas também marcada por gentes nômades (como os garimpeiros) e pelo próprio dinamismo fluvial e movente de seu território; (c) o registro romântico-aventureiro que marca não só o conteúdo,

# Introdução

mas a forma narrativa empregada pelos agentes oficiais em seus relatos sobre o Brasil Central.

Finalmente, o curto capítulo 5 apresenta um breve saldo das principais iniciativas lançadas pela FBC, salientando a imensa barafunda burocrática que seria característica das práticas estatais da Fundação. Na conclusão, apresento o que podemos aprender com a história de criação dessa agência e dos efeitos de algumas de suas práticas. Meu objetivo é mostrar como esse caso pode iluminar um aspecto fundamental da dinâmica do Estado brasileiro, caracterizado pelo que chamo de acumulação espacial. Além disso, chamo atenção para a centralidade do tema espacial na sociedade brasileira, apontando para as contradições envolvidas na dialética relativa ao espaço e ao território no Brasil contemporâneo.

# 1

# Estado e espaço no Brasil republicano

## A Primeira República e os investimentos estatais sobre o território

Para compreender as práticas estatais da FBC e sua conexão com um repertório cultural extremamente vasto e significativo, é fundamental localizar a FBC e a Marcha para o Oeste no âmbito mais geral das relações entre Estado e espaço no Brasil. Ao contrário do que se costuma supor, a Revolução de 1930 não foi um momento inaugural nessa relação. Há um conjunto de investimentos estatais e burocráticos feitos sobre o território brasileiro que precedem a chegada de Getúlio Vargas ao poder. Este capítulo apresenta, de forma sucinta, essa história.

Ao se analisar a relação entre Estado e território no Brasil, é grande a tentação de começar a contar do início, ou seja, tomando o século XVI como marco para esse tipo de análise. Nesse caso, seria necessário investigar a inscrição do espaço do país nos marcos do colonialismo ibérico. Outra opção seria começar com a emergência do Estado-nação independente, após 1822. Ambas as opções são custosas, pois implicariam longas digressões históricas que emperrariam o encaminhamento do argumento central deste livro. Além disso, a conclusão da presente obra já incorpora essa perspectiva de longa duração, ao situar o objeto da análise numa reflexão mais ampla sobre práticas estatais e território no Brasil — com especial atenção para o tema da fronteira — e em outros contextos periféricos. Acredito que essa estratégia seja mais proveitosa, por permitir ao leitor adentrar o mundo da FBC mais diretamente, para depois poder relacioná-lo à longa duração.

Começo este breve histórico na Primeira República, mais especificamente no período marcado pela curta gestão de Nilo Peçanha (1909-10), quando foram gestadas iniciativas estatais que seriam posteriormente diversificadas ou remodeladas. É possível dizer que a chave mais próxima para o entendimento das transformações produzidas ao longo do Estado Novo esteja nessas primeiras iniciativas relacionadas à gestão agrícola, ao controle do território e ao governo estatal moderno dos indígenas.

Uma iniciativa fundamental foi a criação do Ministério de Agricultura, Indústria e Comércio (Maic) em 1909, no âmbito da presidência de Nilo Peçanha. Como afirma Sônia de Mendonça (1997), o Maic foi uma importante instância institucional para a veiculação do discurso do ruralismo, que agregava setores dominados das classes dominantes em torno da defesa da vocação agrícola do país. O ruralismo comportava variações, e as disputas pela representação do bloco agrário animava setores distintos, desde os modernos cafeicultores paulistas até os setores fluminenses que se consideravam alijados do sistema político republicano e lutavam por representatividade.

A principal agência político-intelectual que organizava esse grupo era a Sociedade Nacional de Agricultura (SNA), fundada em 1897 e composta principalmente por grandes proprietários radicados fora do eixo da cafeicultura paulista. Em 1908, portanto nas vésperas da criação do Maic, a SNA já detinha 5.200 membros e inspirara a fundação de inúmeras associações agrícolas ao redor do país (Mendonça, 2000). O Maic seria a principal vitória desse grupo, que defendia a diversificação da lavoura e o desenvolvimento de novas técnicas que possibilitassem maior dinamismo agrícola e o controle de mão de obra, tida como extremamente desorganizada no contexto pós-Abolição.

Sônia de Mendonça mostra como o aumento do controle do espaço agrário por parte do Estado se intensificou nos anos 1920, com a disseminação de inspetorias do Maic nos estados e a tentativa de divulgar técnicas modernas em fazendas-modelo. Originalmente "campos de demonstração", depois de 1919 rebatizados "campos de cooperação", esses espaços visavam manter os trabalhadores agrícolas no campo e transformá-los em empreendedores modernos. Segundo a autora, entre 1912 e 1928, centros como esses pularam de apenas seis para 25 ao todo, sendo 10 apenas no estado do Paraná. Os trabalhadores eram selecionados de acordo com certas características (ausência de condenações penais prévias, chefia de família e idade entre 21 e 60 anos) e recebiam lotes entre 20 e 50 hectares, que deveriam ser pagos num período de sete anos. Mesmo assim, o lote definitivo não implicava propriedade plena, pois não poderia ser vendido senão sob certas condições.

Tratava-se, portanto, de um processo meticuloso de capitalismo estatal, que visava não apenas disseminar formas modernas e racionais de plantio e cultivo, como também modelar modos de vida social tidos como mais saudáveis e disciplinados. Os centros e as colônias, assim, traduziam-se como unidades estatais de modelagem moral, configurando um dos principais instrumentos de controle do Estado sobre o território e as gentes que o habitavam.

Por sua vez, o Serviço de Povoamento do Solo Nacional abrigava-se dentro do Ministério da Indústria e do Comércio, estrutura na qual ficou entre 1907 e 1930. O órgão direcionava as políticas de imigração e buscava não apenas ordenar o fluxo dito espontâneo, mas também desenvolver ativa política de subsídio. Segundo Jair Ramos (2003), o Serviço desenvolvia uma série de práticas de tutela que visavam enquadrar os imigrantes nas redes burocráticas. Assim, garantia-se hospedagem, alimentação e ferramentas para esses imigrantes com o objetivo de produzir objetos e lugares estatizados, e que confirmasse a legitimidade do Estado ao longo de todo o território nacional.

Essa modelagem moral não partia apenas das instâncias oficiais do Estado brasileiro, pois entre intelectuais e cientistas também grassavam diagnósticos sobre o atraso do mundo rural brasileiro. O chamado movimento sanitarista (Santos, 1985; Lima, 1999) reunia personagens como Artur Neiva e Belisário Pena, que em 1916 publicaram seus cadernos de viagem pela casa Oswaldo Cruz. Esses cadernos relatavam as duras condições de vida de caboclos e sertanejos que habitavam os estados de Pernambuco, Bahia, Piauí e Goiás, espaços percorridos ao longo de sete meses em 1912 pela missão chefiada pela dupla Neiva-Pena.

O sanitarismo nutria-se dos ideais nacionalistas de Monteiro Lobato e Alberto Torres, convertendo-se em poderoso instrumento de divulgação de imagens e narrativas sobre os espaços rurais do interior brasileiro, agora vistos sob o signo da *doença*. Sem dúvida, podem-se incluir nesse movimento a realização de viagens, a produção de relatórios e a disseminação de fotos e imagens das populações rurais como exemplos dos investimentos feitos pelo Estado brasileiro e por suas principais elites sobre os espaços rurais do país.

Nesse processo de ampliação do controle estatal sobre o mundo rural, surgiam outras agências dedicadas a objetivos semelhantes, como o Serviço de Ensino Agronômico e o Serviço de Proteção aos Índios e Localização de Trabalhadores Nacionais (SPILTN). O tripé fixação de trabalhadores nacionais, incorporação dos indígenas e imigração articulava-se em diversas políticas públicas, traduzindo tanto a crença na transformação do indígena em trabalhador rural integrado quanto a própria persistência do poder tutelar no Brasil (Souza Lima, 1995).

O SPILTN foi criado em 1910 e permaneceu como seção da Diretoria Geral do Ministério da Agricultura até 1930, e sua missão, sob a guarda de uma facção militar positivista ortodoxa, orientava-se para a administração dos povos indígenas e sua posterior modelagem como trabalhadores rurais nacionais (Souza Lima, 1995). É impossível pensar o processo de ampliação do poder estatal sobre os espaços agrários desvinculado da pedagogia civilizatória que marcou o indigenismo brasileiro. Como afirma Souza Lima em seu estudo sobre o SPI: "Há uma grande solidariedade entre estas formas de construir imaginariamente o meio rural brasileiro e as usadas para pensar os *índios* como matéria para intervenção governamental" (Souza Lima, 1995:108).

Assim, o que Souza Lima afirma a respeito das características do poder tutelar que seria exercido nessas diferentes unidades estatais sobre as populações nativas no Brasil poderia ser replicado para descrever as dinâmicas das colônias agrícolas ao longo da Primeira República:

> A *ação civilizatória* recobria o conjunto de dispositivos e técnicas que visavam transformar os povos nativos "capturados" pela malha administrativa em produtores rurais para sua autossubsistência, para manutenção da presença do *Serviço* e para comercialização de excedentes da produção agrícola a serem progressivamente obtidos [Souza Lima, 1995:183, grifos do original].

Esse poder tutelar, como descrito por Souza Lima, encontrava fundamentos nas práticas da chamada Comissão Rondon, que precedia a construção do SPI e se inscrevia no mesmo processo de desbravamento de fronteiras internas e tentativa de criação de poderes estatizados em territórios tidos como alheios à civilização nacional. Na verdade, a alcunha "Comissão Rondon" aplicava-se a diversas iniciativas ocorridas na Primeira República, que iam desde a instalação de linhas telegráficas a políticas indigenistas, passando por serviços de inspeção de fronteiras, empresas em geral organizadas entre os anos 1900 e 1930 (Sá, Sá e Lima, 2008). Refere-se, mais precisamente, a diversas missões da Comissão de Linhas Telegráficas Estratégicas de Mato Grosso ao Amazonas (Cletemta), organizada em 1907 por três ministérios (Viação e Obras Públicas, Guerra e Agricultura, Indústria e Comércio) e chefiada pelo militar Cândido Mariano Rondon. Essas missões visavam integrar a região amazônica ao país por meio de uma estrutura de comunicações, inspecionar a fronteira Brasil-Peru e levantar informações científicas sobre a região.

Ao longo da Primeira República, as missões militares chefiadas por Rondon transformaram-se em peça fundamental da expansão dos poderes estatais sobre o território brasileiro, seja por meio de suas produções materiais — postes, estações e postos indígenas controlados pelo Exército, demarcações de fronteiras —, seja por sua produção imagética, como os filmes apresentados nos grandes centros brasileiros. Rondon criara em 1912 a Seção de Cinematografia e Fotografia, sob responsabilidade do então tenente Luiz Thomaz Reis, que viria a se transformar num dos pioneiros do documentário brasileiro, graças às suas filmagens das expedições, nas quais se esmerava em retratar os povos nativos e a ação "desbravadora" dos militares (Tacca, 2002). Essas imagens certamente contribuíram para consolidar um imaginário sobre a região central do país, sendo apontadas por intelectuais como Monteiro Lobato como exemplos do verdadeiro Brasil.

Deve-se, porém, relativizar o alcance efetivo dessa regulação estatal, pois, como mostram Ligia Silva e María Verónica Secreto (1999), o espaço agrário brasileiro foi marcado pela figura da *posse*, configurando uma dinâmica extremamente móvel e fluida da fronteira agrícola. Conforme afirmam Silva e Secreto (1999:135), "a fronteira moveu-se quase que exclusivamente ao sabor das oscilações econômicas e dos interesses privados". A força da posse como instrumento de ocupação de terra é reforçada em pesquisas clássicas, como a de Giralda Seyferth (1996) sobre a reprodução camponesa de famílias imigrantes, nas quais fica evidente o quanto invasões e ocupações não oficiais eram instrumentos importantes para garantir propriedade, em especial diante da rigidez dos planos de povoamento do Estado republicano.

A esse contexto que combinava avanço da fronteira econômica e fragilidade da regulação pública reunia-se um quadro de mobilidade dos setores subalternos, expostos de forma irregular aos mecanismos de mercado (Franco, 1964) e em constante deslocamento diante da grilagem e do esgotamento de terras (Seyferth, 1996). Como afirma Seth Garfield (2001), é um erro ver o Estado brasileiro como simples resultado de uma projeção desimpedida do poder estatal. Além da própria incapacidade regulatória do Estado, podem-se citar a resistência dos povos nativos, a competição política com as elites locais e a rivalidade com outras instituições e agências voltadas para o controle territorial (como as missões religiosas) como elementos que imprimiram suas marcas na dinâmica estatal.

A Revolução de 1930, portanto, não inaugura a regulação estatal sobre o campo e sobre o território, pois, como demonstrado, já na gestão Nilo Peçanha se pode vislumbrar um longo processo de investimento burocrático agrícola, precedido desde o final do século XIX por expedições científicas e militares, como aquelas chefiadas por Rondon. Esse processo se traduzia não apenas na criação de agências e políticas públicas, como também na própria confecção de práticas estatais territorializadas.

## O Estado Novo e o espaço

O advento do Estado Novo representou um significativo adensamento do investimento estatal e burocrático no território. O discurso da "Marcha para o Oeste" foi apenas o registro simbólico mais conhecido de um processo que incluiu projetos de reorganização dos limites regionais, criação de novas agências para regular imigração e povoamento e intensificação das experiências com colônias agrícolas.

Em 1934, surgiu o Instituto Nacional de Estatística, que seria rebatizado como Instituto Brasileiro de Geografia e Estatística (IBGE) quatro anos depois. Em 1938, criou-se a Divisão de Terras e Colonização, que, integrada ao Ministério da Agricultura, lançaria as Colônias Agrícolas Nacionais por meio do Decreto-Lei nº 3.059, de fevereiro de 1941. No mesmo ano de 1938, surgiu a Divisão de Imigração e Colonização, diretamente vinculada à Presidência da República. Além do IBGE, o Conselho Nacional de Geografia (CNG), criado em 1937 com o nome de "Conselho Brasileiro de Geografia", também levantava informações e encomendava estudos sobre as dinâmicas espaciais do território nacional.

Esses órgãos tinham uma forte presença de setores militares. Segundo estudo de José Murilo de Carvalho (1999), os militares atuavam em conselhos e agências, como o Conselho Nacional de Petróleo (CNP) e a Comissão Nacional de Siderurgia (CNS), além de fornecerem quadros importantes para as funções políticas de dominação. Dos 87 interventores do Estado Novo, 40 foram militares. Como se verá no próximo capítulo, a FBC não escapou a essa poderosa casta de profissionais.

Todavia, por esses órgãos e agências também transitavam os novos *experts* nos conhecimentos e saberes tidos como fundamentais na reorganização autoritária então em curso. Assim, geógrafos e professores de geografia logravam obter boas posições nessas redes estatais, muitas vezes circulando entre as muitas agências e organizando demandas entre Estado e sociedade. Nomes como Virgílio Correia Filho (1887-1973) e Everardo Backheuser (1879-1951) foram exemplares dessa trajetória. O primeiro fora da Seção de Informações do MEC em 1932, sendo convidado em 1937 a dirimir questões de fronteira entre Goiás e Mato Grosso (Saboya, 2005). Era também sócio desde 1932 da Sociedade de Amigos de Alberto Torres, instituição que se dedicava a disseminar o ideário nacionalista e educacional do pensador fluminense.

Com a criação do CNG, Virgílio Correia integrou-se ao seu corpo, auxiliando nos trabalhos de levantamento de dados, publicação de obras geográficas e divulgação de ideias associadas ao projeto estado-novista. Sua obra *Pantanais mato-grossenses (devassamento e ocupação)* foi o terceiro volume da série Biblioteca Geográfica Brasileira, criada pelo CNG com o intuito de "oferecer aos estudiosos uma coleção de obras consagradas aos estudos geográficos, particularmente sobre o Brasil" (Saboya, 2005:222-223).

Já Backheuser transitou entre as mais diversas posições no mundo intelectual após sua formatura em Engenharia Civil no ano de 1901 (Anselmo, 2000). Foi também professor da Politécnica (da qual se afastou em 1925) e diretor da seção de Educação Moral e Cívica da Associação Brasileira de Educação (ABE), além de ter participado da criação da Sociedade de Geografia do Rio de Janeiro (SGRJ). Nessa instituição, ajudou na criação do Curso Livre de Geografia. Num contexto em que as escolas eram espaços por excelência para atuação dos "renovadores da geografia" — grupo em que também pontificavam Delgado de Carvalho e Raja Gabaglia —, Backheuser escreveu, em conjunto com outros autores, o *Compêndio de geografia do Brasil*, produzido entre 1918 e 1922. Além desse intenso ativismo na sociedade civil, também foi membro do Conselho Nacional de Estatística (1937) e do CNG

(1937), escrevendo artigos e pareceres para periódicos como *Revista Brasileira de Geografia* e *Revista Brasileira de Estatística*, publicações que disseminavam as principais discussões geográficas travadas no seio das elites estado-novistas.

Essa circulação traduzia o modelo de organização de intelectuais característico do período estado-novista. Como bem mostrou Mônica Velloso (1982), o Estado Novo tratava a organização da cultura como um tema de alta relevância política, produzindo diversos lugares específicos para a produção intelectual, configurando verdadeira divisão de trabalho ideológica. A revista *Cultura Política*, publicação oficial do Departamento de Imprensa e Propaganda (DIP) editada entre 1941 e 1945, reunia os mais variados escritores, poetas, ensaístas, literatos, historiadores e geógrafos, que escreviam ensaios e estudos sobre aspectos da cultura brasileira, organizando panteões da nacionalidade e disseminando discursos sobre as tarefas de reconstrução nacional. Coordenada por Almir de Andrade, a revista abrigava textos de nomes como Azevedo Amaral e Francisco Campos, mas personagens como Nelson Werneck Sodré e Graciliano Ramos também apareciam em suas páginas. Segundo Angela de Castro Gomes (1999), *Cultura Política* combinava a presença de grandes ideólogos do Estado Novo com a de profissionais especializados em campos específicos, que eram colaboradores eventuais. Adriano Codato e Walter Guandalini Jr. (2003) sustentam que a maioria dos colaboradores da revista provinha de postos e funções próximas do Poder Executivo, configurando uma elite fortemente propensa a pensar de acordo com a razão de Estado. Argumentam também que a revista produzia uma ideologia política de corte realista, focada na elaboração de argumentos que justificassem a singular "democracia" do Estado Novo. Em termos da interpretação do Brasil disseminada no periódico, tratava-se da construção de uma história do sentido do país como comunidade existencial, articulando a espacialidade clássica do pensamento brasileiro a uma concepção histórica do "povo brasileiro" (Gomes, 1999).

Outras revistas, como a *Ciência Política*, dirigida por Paulo Filho e Pedro Vergara e editada entre novembro de 1940 e maio de 1945, ocupavam-se de aspectos mais mundanos da legitimação ideológica, fazendo verdadeiro trabalho de disseminação de discursos oficiais sobre a "brasilidade" e a cultura nacional. Esses discursos se valiam de argumentos e ideias relativos à construção de um nacionalismo não liberal, associado a um projeto estatal de civilizar e modernizar o país. Seria possível fazer uma conexão entre o trabalho intelectual estado-novista e algumas linhagens do discurso nacionalista dos anos 1920, em especial aquelas oriundas da fileira católica e de setores republicanos tidos como reformistas, que elegiam o arranjo liberal de 1891 como o principal alvo da crítica (Oliveira, 1990).

Esses projetos intelectuais se inseriam numa estratégia mais ampla de controle cultural, que não hesitava em se valer da censura prévia e do silenciamento de publicações independentes, seja por meio da coerção, seja por meio de pressões econômicas ou políticas (Capelato, 1999). É consagrada a interpretação que aponta a cooptação como o eixo analítico principal para desvendar esse intenso recrutamento de intelectuais para o trabalho político-cultural no interior do aparato estatal (Miceli, 2001). Entretanto, é possível afirmar que essa "ida ao Estado" traduzia uma crença própria dos intelectuais nas virtudes da ação estatal no projeto de produção de uma cultura brasileira moderna, como sustenta Helena Bomeny (2001). Isso se refletia na existência de trajetórias marcadas desde sempre pela ocupação de cargos na máquina estatal, formando uma espécie de mandarinato burocrático treinado desde os postos municipais e estaduais. É o que se pode verificar na atuação dos líderes burocráticos que organizaram o Instituto Brasileiro de Geografia em 1934, por exemplo.

## Estado, território e imaginação espacial

O IBGE surgia animado por um ideário fortemente ruralista, que via na ocupação do interior brasileiro e na dinamização da vida municipal uma chave para o fortalecimento da nação. Como afirma Marcus Melo (1993), a paradoxal combinação entre centralização e municipalismo marcava a política geográfica estado-novista. Segundo Melo (1993:4), "o município emerge, nessa perspectiva, como uma *esfera comunitária — portanto pré-política —* que acomoda apenas a coletividade das famílias e seus valores *ainda não distorcidos pelas instâncias de representação*". O Recenseamento de 1940 foi exemplar dessa perspectiva, pois combinava uma coordenação nacional que organizava os questionários e instrumentos com o recrutamento de pessoal no nível local para investigar a história, o povoamento e as condições socioeconômicas dos municípios recenseados.

Além dessa combinação entre centralização e municipalismo, o IBGE buscava também produzir estratégias que reorganizassem o equilíbrio territorial do país, redesenhando regiões e reacendendo de forma decisiva os debates sobre a interiorização da capital (Camargo, 2008). Nesse sentido, o trabalho do IBGE inscreve-se como um dos mais importantes momentos do processo de investimento estatal sobre o território no período republicano, não apenas pela geração de informações padronizadas sobre o país, como também pelo poder de organizar discursos oficiais sobre o Brasil e sua construção geográfica. Foi, portanto, lugar por excelência para a circulação de intelectuais descrita acima.

Veja-se, por exemplo, o caso de Mário Augusto Teixeira de Freitas, primeiro diretor do IBGE. Filho de Affonso Augusto Teixeira de Freitas e de Maria José Teixeira de Freitas, Mário Augusto nasceu em 31 de março de 1890. Com 18 anos, prestou concurso para a Diretoria Geral de Estatística (DGE), órgão ligado ao Ministério da Viação e Obras Públicas (MVOP). Em 1911, formou-se em direito pela Faculdade de Ciências Jurídicas do Rio, e em março de 1920 foi nomeado diretor-geral de Recenseamento em Minas Gerais por Bulhões Carvalho, tendo realizado numerosos serviços como diretor do serviço de Estatística Geral do estado. Na ocasião, inspirado pelas ideias de Alberto Torres, que defendia o desenvolvimento econômico e social dos municípios aliado a uma forte máquina federal centralizada como forma de combater o regionalismo e organizar a nação, implementou a estratégia municipalista que depois marcaria o IBGE.

Já no âmbito federal, Teixeira de Freitas foi diretor-geral de Informação, Estatística e Divulgação do Ministério da Educação a partir de 1931, ocupando depois cargo no Instituto Nacional de Estatística. Como se pode ver, ao longo de seu trajeto profissional nas agências do Estado brasileiro, Teixeira de Freitas acumulou prestígio e capital burocrático, legitimando-se para gerir o trabalho material e simbólico relacionado ao IBGE. Esse tipo de trajetória que combinava engenharia, administração pública e agências técnicas da máquina burocrática não era incomum, e propiciaria ao Estado Novo um quadro de agentes capazes de gerir os processos de territorialização do Estado brasileiro. A organização do espaço e do território seriam os principais objetos legítimos de atuação desses engenheiros da burocracia.

No âmbito dos órgãos voltados para a questão migratória, o incremento da ação estatal no mundo agrário era visto como válvula de escape para as tensões oriundas dos fluxos humanos internos e externos. Como se sabe, o tema era polêmico à época, graças às políticas de restrição à imigração aplicadas pelo Estado Novo, radicalizando o espírito das cotas nacionais previstas na Constituição de 1934. Essa previa uma cota de 2% sobre o total de estrangeiros fixados no país ao longo de cinco décadas, enquanto a Carta de 37 dava poderes ao governo para proibir novas entradas, além de incentivar ampla campanha de "nacionalização" dos estrangeiros, proibindo publicações em outras línguas, intervindo nas escolas formadas pelos núcleos imigrantes e evitando formações de núcleos étnicos (Oliveira, L., 2001; Seyferth, 1999). O advento da Segunda Guerra provocaria forte debate no Brasil sobre o acolhimento dos "deslocados" do conflito, atiçando também o sentimento antissemita de parte significativa da elite dirigente de então. Como se verá no próximo capítulo, o tema migratório atravessaria as diversas agências estado-novistas dedicadas à regulação do espaço, imiscuindo-se, inclusive, nas atividades da própria FBC.

## A Marcha para o Oeste

Na verdade, a expressão Marcha para o Oeste designa um vasto processo de expansão do poder estatal por diversas regiões do país, que se traduzia em variados eventos e programas. A dificuldade para fixar qual instância empírica traduz exatamente essa categoria está relacionada à amplitude de temas, eventos e objetos relacionados à Marcha. Nas próximas páginas, portanto, apresento os diversos matizes dos discursos que reivindicavam a Marcha e um conjunto de eventos de forte carga simbólica na construção prática de sua "história oficial". Inicio analisando os principais contornos do trabalho simbólico feito durante o Estado Novo, seja em revistas específicas do regime (como *Novas Diretrizes* e *Cultura Política*), seja em livros que tratavam do Oeste ou do Brasil Central naquele momento, relacionando-os ao projeto de ocupação da região. Em seguida, apresento brevemente eventos ou questões específicas que podem ajudar o leitor a localizar em termos empíricos a constituição de algo identificado como a "Marcha para o Oeste". Destaco os seguintes momentos-chave: a construção de Goiânia em 1933 e seu "batismo cultural" em 1942; o discurso do rio Amazonas, pronunciado por Vargas em outubro de 1940 e republicado na *Revista Brasileira de Geografia* em 1942 (Vargas, 1942); a criação de novos territórios federais; a visita da comitiva presidencial à aldeia carajá de Santa Isabel do Morro, na ilha do Bananal; a formação de colônias agrícolas, em especial no estado de Goiás; e a chamada "batalha da borracha", que envolveu o transporte de milhares de trabalhadores nordestinos para os seringais do Amazonas.

As revistas publicadas pelos órgãos oficiais do Estado Novo eram um dos principais fóruns nos quais ideias e projetos para o Brasil Central eram debatidos. Tome-se, por exemplo, a revista *Novas Diretrizes*, editada por Azevedo Amaral entre 1938 e 1943. Nela, discutiam-se temas como o problema migratório, as ameaças das "potências imperialistas" e a necessidade de nacionalizar de forma definitiva as fronteiras brasileiras. Já em seu primeiro número, a seção "Comentário internacional" (1938) fazia referências ao perigo representado pela Alemanha e sua política de obtenção de recursos naturais. No ano seguinte, o próprio Azevedo Amaral retoma o argumento, dessa vez relacionando-o à necessidade de ocupar a hinterlândia brasileira como forma de desenvolver o país. Em julho de 1939, o artigo "A guarda da fronteira" defende a militarização das fronteiras, mesma opinião veiculada no texto de Moacyr Silva "Revivescendo as fronteiras... preparando os territórios federais", no qual Silva (1939:44) afirma que "o Oeste, principalmente as fronteiras, não tiveram [sic] ainda, de modo geral, o abrasileiramento material e moral, de que carecem para não continuarem 'meras ficções geográficas'". Em seus editoriais e textos não assinados, *Nova Diretrizes* contribuía tanto para sedimentar a crença na ameaça imperialista representada por alemães e japoneses quanto para disseminar a visão de que a militarização do espaço brasileiro era fundamental para defender o país dessa ameaça. O artigo "Aspectos políticos do problema demográfico" (1939), por exemplo, argumenta que o encontro da Sociedade das Nações em 1935 teria sido palco para sutis críticas a países que tinham fraca densidade demográfica e grande potencial de matérias-primas, como o Brasil. Ainda de acordo com o texto,

recentemente, segundo informação segura de que dispomos, nos trabalhos de uma comissão reunida em Genebra e na qual o Brasil é representado, foi suscitada dúvida sobre a autenticidade das nossas estatísticas demográficas, tendo sido contestado que as cifras oficialmente apresentadas pelo governo brasileiro correspondessem à realidade [Aspectos políticos do problema demográfico, 1939:9].

O problema da imigração era também debatido na revista, que se opunha fortemente à suposta política do Conselho de Imigração e Colonização (CIC) de aceitar os chamados "deslocados" da guerra, isto é, o contingente populacional afetado pelo conflito ou perseguido pelas políticas de limpeza étnica dos alemães. Assim, os autores dos textos sobre a questão combatiam a recepção a judeus e "comunistas" em terras brasileiras, argumentando que a colonização do país deveria ser obra de nacionais (Problemas da imigração, 1940).

Na revista *Cultura Política* também foram publicados numerosos artigos sobre a Marcha para o Oeste, alguns deles também relacionando o evento às políticas de migração do Estado Novo. Tomem-se, por exemplo, os textos de Artur Hehl Neiva (1942) e Péricles Carvalho (1941). O primeiro era membro do CIC, enquanto o segundo era diretor de serviço no Departamento Nacional de Imigração (DNI). Ambos também listam as diversas leis e iniciativas relacionadas às políticas de migração, enfatizando as novas medidas tomadas pelo Estado Novo. No texto de Hehl Neiva defende-se uma política migratória que contemple de forma pragmática as necessidades do país sem deixar de ser seletiva. Após extensa apresentação histórica do problema, o autor associa o programa da Marcha para o Oeste ao projeto de colonização dos espaços vazios brasileiros, com controle do fluxo imigratório e segurança das fronteiras. A ideia era permitir a colonização feita por imigrantes selecionados como forma de garantir o aproveitamento econômico de regiões fracamente povoadas. Péricles Carvalho, por sua vez, relaciona a Marcha à disseminação da pequena propriedade, em detrimento do latifúndio. Segundo ele, o grande objetivo desse projeto seria alavancar o desenvolvimento rural e integrar os espaços interiores do país à marcha civilizatória. Ao listar as políticas públicas associadas à Marcha, Carvalho elenca programas de transferência de trabalhadores para o Acre e outros planos de colonização dirigida. Informa ainda as ações práticas que estavam sendo tomadas nesse sentido:

> Na Baía [sic], a ação do Interventor Landulfo Alves, libertando o pequeno lavrador da subordinação aos grandes latifundiários, está fazendo um programa racional de colonização com a formação da pequena propriedade. O Estado já adquiriu e desapropriou cerca de 15.000 hectares de terras que estão sendo lotados para a venda em condições ótimas ao pequeno lavrador [Carvalho, 1941:21].

Ao final, Carvalho relaciona projetos como esses a outros objetivos, entre os quais a sindicalização rural, o combate à seca e o desenvolvimento do interior. Por vezes, o tema da reforma controlada do espaço agrário — e não da "reforma agrária" — surgia interligado ao da segurança nacional.

Ainda na mesma revista, Alexandre Marcondes Filho (1943) prefere relacionar a Marcha à articulação da unidade territorial — grande projeto do Império — e à vocação americana do país — marca do período republicano. Nesse registro, o Estado Novo teria realizado a grande obra de síntese nacional, articulando pensamento e geografia, conjugando a grande obra de arquitetura política com o vigor dos espaços brasileiros. Nesse trabalho simbólico, era fundamental a construção de uma continuidade histórica entre a Marcha para o Oeste e os esforços anteriores de controle territorial. Assim, eram comuns artigos que relacionavam o empreendimento estado-novista aos bandeirantes e outros agentes clássicos da expansão espacial (Valverde, 1942; Bittencourt, 1943).

A referência comum em boa parte desses artigos era a obra clássica de Cassiano Ricardo, *A marcha para Oeste: a influência da "bandeira" na formação política e social do Brasil* (1940). Esse livro, escrito por um intelectual que trabalhou na direção do jornal *A Manhã*, exercendo cargo de censor e responsável pelo setor radiofônico do DIP, era o mais sofisticado trabalho ideológico referente à Marcha para o Oeste. No livro, Ricardo apresentava sua tese sobre a configuração democrática das bandeiras paulistas, que representariam o amalgamento das três raças num ordenamento que preservava um senso de ordem, graças à figura patriarcal do chefe da bandeira. Nessa interpretação, a bandeira era tida como instrumento de nacionalização, por derrubar a aristocracia feudal do litoral e infundir de energia nacional o país. Assim, esse espaço indefinido identificado como Oeste ou sertão era associado a uma potência criadora de uma nova civilização, ao mesmo tempo mestiça e democrática, embora não liberal. A concepção de Ricardo revelava um Estado andante, que se constituía à medida que adentrava os espaços ignotos da nação, "purificando-a". Não à toa, seu livro transformou-se no grande símbolo da Marcha para o Oeste, tornando-se objeto por excelência da análise de cientistas sociais e historiadores (Esterci, 1977; Velho, 1976; Lenharo, 1986).

Entretanto, houve outras obras que compuseram esse mosaico. Em 1941, Nelson Werneck Sodré escreveu *Oeste: ensaio sobre a grande propriedade pastoril*. Dois anos depois, o autor entraria para a Escola de Estado-Maior (EEM), após um tempo de serviço no estado de Mato Grosso, região que mereceu numerosas páginas em seu livro de memórias (Sodré, 1986). Em seu ensaio, Sodré descrevia o Oeste como uma geografia marcada pelo predomínio da grande propriedade e pela dimensão errante e móvel de seu território alagadiço. No caso, o Oeste era, principalmente, a zona caracterizada pela marcha do café pelo rio Paraná, nos espaços fronteiriços com o Paraguai, e a região pantaneira. Nessa área, o regime pastoril no latifúndio teria produzido um espaço onde populações socializadas numa desordenada cultura de liberdade conviviam com uma economia rude e pobre.

O livro é curioso por construir sua narração a partir da história de grandes clãs familiares, cuja descendência é acompanhada através dos caminhos percorridos por essas gentes pelos rios da região. Manejando esse artifício, Sodré logra produzir uma representação do Oeste como um espaço fluido, no qual haveria dificuldade de erguer uma vida social sólida e enraizada. A liberdade, no caso, pode ter um sentido negativo, na medida em que se relaciona à dispersão dos homens pelos extensos espaços e à rejeição da autoridade central. Dada a oferta desmedida de terra, não teria havido ali uma luta entre homem e meio que culminasse na racionalização da vida econômica, mas um simples espraiar-se pelo território (não é difícil ver nesse argumento a influência da tese sustentada por Oliveira Vianna em seu clássico *Populações do Brasil Meridional*).

Como solução, Sodré defende o regime de pequena propriedade, única forma de criar vida municipal local sólida — esta, por sua vez, capaz de funcionar como suporte para uma economia organizada. A despeito da crítica ao latifúndio, Sodré não se distancia de outras narrativas sobre a Marcha para o Oeste que enfatizavam a importância da pequena propriedade na resolução dos problemas demográficos e econômicos brasileiros. Note-se que os escritos sobre a Marcha para o Oeste não se limitavam a um trabalho ideológico mecânico, constituindo um repertório de debates sobre o processo de colonização do interior do Brasil. Em artigo intitulado "Problemas de povoamento e a pequena propriedade", publicado na *Cultura Política* em 1944, Caio Prado Junior concorda com o diagnóstico da má distribuição demográfica do país, responsável pela ausência de "acumulação histórica" do povo brasileiro e pela situação de desorganização econômica da nação. Entretanto, critica a Marcha para o Oeste por ela se voltar para territórios ermos e distantes, onde seria difícil construir infraestrutura e comunicações que possibilitassem um real desenvolvimento. Sugere, portanto, que o governo comprasse grandes propriedades em áreas semipovoadas por meio de títulos públicos e as retalhasse segundo um modelo cooperativista (Prado Junior, 1944). Ao passo que Werneck Sodré enfatiza a dimensão reformista da Marcha e sua capacidade de deslocar o poder dos potentados locais, Caio Prado Junior opta por defender a reforma agrária em espaços mais próximos do poder central, seguindo uma trilha que estava distante dos propósitos dos operadores do Estado Novo. Mais interessante, porém, é ver como ambos subscreviam a imagem espacial relacionada ao Oeste: dispersão, má distribuição da ocupação humana, precariedade econômica e latifúndio.

Havia ainda outros registros discursivos relacionados à Marcha, como os livros escritos por Theophilo de Andrade (1941) e Lysia Rodrigues (1943). No primeiro, o então jornalista Andrade busca associar a Marcha ao projeto de desenvolvimento do potencial de navegação do rio Paraná, apresentando o quadro econômico e social da região, no qual pontificava a atividade extrativa da Companhia Mate Laranjeira. Ao apresentar sua teoria sobre as grandes civilizações "potâmicas" — isto é, que se desenvolveram graças ao aproveitamento de seus principais rios —, Andrade argumenta que, a despeito da pobreza e da ausência de vida econômica nas margens do Paraná, ali estariam presentes os elementos para a transformação da região numa área "potâmica". O livro é interessante por apresentar uma espécie de defesa da Companhia, alvo principal da campanha de nacionalização das fronteiras empreendida pelo Estado Novo na região Sul. Já o livro de Rodrigues — oficial habilitado como aviador desde 1927 — é exemplar por sua perspectiva narrativa sobre a Marcha — ele a narra do céu, com base em suas expedições militares como piloto de avião. Segundo o próprio afirma,

> os aviadores, pela natureza intrínseca da sua profissão, tinham uma visão mais larga das necessidades nacionais, de suas possibilidades, e, sobretudo, aquele sentimento bandeirante desbravador de selvas e sertões, a impulsioná-los incitantemente para unirem todo o Brasil numa rede gigantesca de rotas aéreas, dada a premente necessidade de ser fortalecida a unidade política do país [Rodrigues, 1943:10].

O livro, embora publicado apenas em 1943, descreve uma expedição aérea feita pelo autor em 1931, com o objetivo de delimitar rotas aéreas para a Pan Air como forma de encurtar o trajeto Buenos Aires-Miami. O procedimento da expedição era alcançar municípios por via aérea ou terrestre, conforme o caso, e convencer a autoridade local a construir um campo de pouso, que seria parte dessa rota. Posteriormente, Rodrigues teria enorme influência na constituição do Correio Aéreo Nacional e na criação do Ministério da Aeronáutica. Seu relato insere-se também no conjunto discursivo relacionado à Marcha para o Oeste, em especial pela correlação que estabelece entre o olhar "aéreo" que dá corpo ao seu registro e a integração política da nação, da qual os militares seriam os principais agentes. No dizer do próprio autor:

> A civilização marcha de leste para oeste, e sempre que ela precisa dar um salto, reúne esforços, conjuga estímulos, e num dado momento age. Parece que a civilização, no Brasil,

cansou-se de passear pela costa marítima, e resolveu prosseguir sua marcha para oeste, adentrando-se por esse Brasil magnífico! [Rodrigues, 1943:218-219].

O texto também buscava fixar uma imagem das potencialidades da região do Brasil Central, sem deixar de apontar sua fraca vida econômica, num diagnóstico que ecoa aquele veiculado por Werneck Sodré em seu livro de 1941. É nesse sentido que se devem interpretar passagens como as seguintes:

> O *Brasil Central*, esse *Brasil* desconhecido total ou quase totalmente das populações da costa atlântica, abrange uma área territorial fabulosa pelas riquezas naturais que possui, de possibilidades econômicas estonteantes, riquezas e possibilidades essas de sobejo estudadas por gente de toda classe, de todas as nacionalidades, cores e sexo [Rodrigues, 1943:9, grifos do original].

> Por aqui tem-se a impressão de que não existe dinheiro, porque uma nota de 20$000 causa espanto. É uma tristeza ver-se tudo isto. A natureza feraz, fecunda, com o subsolo prenhe de riquezas, um clima ótimo, um céu quase sempre azul, são oferecidos ao ser humano que aqui vive, raquítico, fraco, doente, que nem sequer pode aproveitar os bens que estão sob suas mãos! [Rodrigues, 1943:71].

A produção de discursos relacionados às regiões centrais do país não era exclusividade de militares ou de membros da elite político-intelectual estado-novista, disseminando-se por outras regiões. As próprias elites locais de Goiás já se articulavam para imprimir na Marcha para o Oeste suas próprias narrativas. Tome-se, por exemplo, a revista *Oeste*, editada em Goiânia entre julho de 1942 e julho de 1944. O editorial de seu primeiro número a apresentava como "veículo oficial do pensamento moço de Goiás"

(Editorial, 1942), destacando o protagonismo do então interventor do Estado, Pedro Ludovico Teixeira, constantemente apresentado na revista ao lado de Vargas. A publicação combinava artigos sobre economia, sociedade e geografia da região com contos de literatura regional, como os de Bernardo Ellis e outros. Do mesmo modo que as publicações mais conhecidas do Estado Novo buscavam produzir um inventário autorizado da história brasileira, era comum ver em *Oeste* a construção de um panteão de obras literárias goianas. A Marcha para o Oeste, por sua vez, era associada ao projeto de refundação de Goiás, com o início da construção de Goiânia em 1933 e seu "batismo cultural" em 1942 servindo como símbolos desse novo momento da região e da nação. Tome-se, por exemplo, o artigo "Um homem e uma obra" (1943), publicado em seu sexto número, no qual o autor — anônimo — elogia Pedro Ludovico e a criação da nova capital, tida como "a mais brasileira das cidades" e uma "miniatura do Brasil integral". Não à toa, a partir de seu segundo número a revista buscou publicar fotos variadas sobre paisagens, prédios, pontes e homens comuns do estado, como forma de divulgar aquela refundação heroica. Entre seus principais organizadores, estava Paulo Augusto de Figueiredo, importante intelectual estado-novista que escrevia com alguma assiduidade na revista.

A criação de Goiânia e seu batismo cultural, por sinal, foram um dos primeiros grandes eventos posteriormente enquadrados na "história oficial" da Marcha. A nova capital de Goiás visava dinamizar economicamente o estado e produzir um novo centro de poder que traduzisse os novos tempos da região, à época sob comando do interventor Pedro Ludovico Teixeira. A comissão para escolha do local foi nomeada em dezembro de 1932, e a pedra fundamental, lançada em 24 de outubro de 1933. A mudança de governo se efetivou apenas em março de 1937, quando a cidade contava com 9 mil moradores (Azevedo, 1941). Em 1942, esse evento já é integrado ao imaginário da Marcha, pois o Conselho

Nacional de Estatística fez lá sua Assembleia Geral, contribuindo para o chamado "batismo cultural" da nova capital. Na ocasião, Mário Augusto Teixeira de Freitas fez um discurso no qual relacionou a construção de Goiânia ao processo de expansão de fronteiras estatais ora em curso. Afirmou Freitas (1943:451): "[...] vamos despertar as energias latentes desse amplíssimo latifúndio geográfico confiado ao nosso labor construtivo, ocupando a vastidão de seu território e criando nele a civilização magnífica que a História espera". Na época, Goiânia foi tomada como um símbolo do processo de integração nacional que estaria sendo realizado pelo Estado Novo. O batismo da cidade era, portanto, o ato teatral que instituía não apenas a autoridade do Estado, mas conferia substância e vida aos objetos que deveriam compor a nação, entre os quais se incluía a nova cidade planejada.

Já o celebrado discurso de Vargas situa-se no âmbito de seus pronunciamentos voltados para a região Norte. Como afirma María Secreto (2007), setores do Estado Novo passam a enquadrar a Amazônia do ponto de vista da segurança nacional, em função de sua dimensão despovoada. Naquele momento, Vargas defendeu a necessidade de o país ampliar a colonização dos espaços vazios do interior como forma de promover o desenvolvimento nacional. O tema da dispersão do povoamento, comum ao imaginário hegemônico brasileiro sobre a região, era mobilizado por Vargas para defender a importância de expandir as fronteiras da civilização brasileira. O ruralismo modernizante, do qual já falamos em seção anterior, também é retomado:

> O nomadismo do seringueiro e a instabilidade econômica dos povoadores ribeirinhos devem dar lugar a núcleos de cultura agrária, onde o colono nacional, recebendo gratuitamente a terra, desbravada, saneada e loteada, se fixe e estabeleça a família com saúde e conforto [Vargas, 1942:260].

Esse discurso foi repercutido pela máquina de propaganda, em especial o DIP, tornando-se motivo para outros artigos na *Cultura Política* e enquetes com intelectuais da região amazônica, que discutiam a necessidade de povoá-la e integrá-la ao processo civilizador nacional. O texto de Francisco Galvão (1941), ex--deputado estadual pelo Amazonas, é exemplar do modo como a Marcha era interpretada no âmbito de uma política nova para a Amazônia. Após mobilizar as conhecidas imagens traçadas por Euclides da Cunha sobre a região, Galvão analisa a forma desorganizada com que se processou a migração nordestina para aquela área, apontando o "deserto" verde e o latifúndio como principais fatores que impediam o aproveitamento racional do espaço. Seria necessário, portanto, disseminar a colonização organizada mediante a fixação do migrante em pequenas propriedades, tidas como células da vida moderna. Como se vê, o programa de um capitalismo estatal ancorado na pequena propriedade era tema que perpassava diversas agências e publicações do Estado Novo, mobilizando militares e intelectuais mais ou menos próximos do regime.

A Marcha também seria marcada pela intensa discussão sobre a redivisão territorial do país, assunto discutido ao longo de todo o período republicano e que geraria intensa produção textual, responsável pela modelagem cognitiva da própria atuação da FBC (como se verá nos capítulos 3 e 4). A criação de sete novos territórios (Amapá, Acre, Fernando de Noronha, Iguaçu, Guaporé, Ponta Porã e Rio Branco) durante o Estado Novo visava consolidar a presença do Estado federal em áreas fronteiriças tidas como instáveis ou com fraca densidade civilizatória. No caso de Ponta Porã, por exemplo, a criação do território buscava submeter ao controle estatal a área ocupada pela Companhia Mate Laranjeira, que explorava a cultura do mate e exportava o produto para Buenos Aires (Albanez, 2003). Numa situação de quase enclave, a Companhia era tida como uma ameaça ao processo de nacionalização associado ao projeto estado-novista de controle territorial. A Marcha, portanto, valia-se desse discurso a respeito da coincidência entre fronteiras econômicas e políticas, e a criação de territórios visava concretizar essa articulação.

A visita de Vargas à ilha do Bananal foi evento-chave na mitologia do programa territorial do Estado Novo. Realizada em 5 de agosto de 1940, a referida expedição era composta de uma comitiva com 15 pessoas e deveria permanecer 24 horas na região, mas terminou por ficar quatro dias. Vargas foi recepcionado pelo prefeito de Goiânia, Venerando de Freitas, e participou de banquetes e passeios, sempre entremeados com longos discursos (Teixeira, 1973). Um telegrama do Marechal Rondon — que havia sido apontado no ano anterior chefe do Conselho Nacional de Proteção aos Índios (CNPI) — foi lido, e o ápice da visita foi a ida da comitiva à aldeia dos índios carajá — era a primeira vez que um presidente da República visitava uma área indígena. O DIP encarregou-se de designar um profissional para cuidar da filmagem do evento, que contou com troca de presentes e com a exibição de danças e músicas diante da bandeira brasileira. Segundo Seth Garfield (2000), esse evento foi decisivo para o entusiasmo de Vargas com o plano da Marcha para o Oeste, e em seu retorno ao Rio de Janeiro os planos para o aprofundamento desse programa avançariam.

Na área de colonização, a fundação de colônias agrícolas foi também relacionada à Marcha. Como afirma Sandro Dutra e Silva (2002), essa política visava avançar a fronteira econômica e organizar um modelo de pequena propriedade que prendesse o homem à terra. O Decreto-Lei nº 3.059, de 14 de fevereiro de 1941, dispôs sobre a criação das Colônias Agrícolas Nacionais, mencionando a necessidade de fixação de cidadãos brasileiros relativamente pobres e atribuindo aos engenheiros agrônomos a direção daqueles espaços racionalizados. A já mencionada Divisão de Imigração e Colonização seria responsável pela coordenação desses projetos.

A Colônia Agrícola Nacional de Goiás, por exemplo, é criada pelo Decreto nº 6.882, de 19 de fevereiro de 1941, e organizava-se segundo uma estrita lógica cooperativa estatal (Dayrrel, 1974). A ideia era mobilizar de forma disciplinada a mão de obra excedente em outros locais, promovendo tanto a segurança social quanto a dinamização da agricultura na região. Convergiam interesses militares e econômicos, já que se acreditava na possibilidade de essas colônias impulsionarem o mercado interno e integrarem regiões internas do país ao processo de expansão capitalista. De 1941 a 1950, a Colônia esteve sob a direção do agrônomo carioca Bernardo Sayão, lendária figura que estava mais interessada em abrir estradas do que em promover o desenvolvimento agropecuário local.[2] Durante esse período, Sayão foi o líder carismático que praticamente organizou a vida dessa localidade.

A Colônia Agrícola Nacional de Dourados, por sua vez, foi fundada em 1943, pelo Decreto nº 5.941, e se localizava no recém-criado território de Ponta Porã (Ponciano, 2001). Se originalmente ela tinha 300 mil hectares designados oficialmente, logo a migração de trabalhadores no final dos anos 1940 aumentaria a área total para mais de 400 mil hectares. Entretanto, a colônia só seria demarcada oficialmente em 1948, já no governo Dutra.

Finalmente, o esforço de guerra desencadeado pelos Acordos de Washington em 1942 foi um impulso decisivo para a Marcha para o Oeste, por demandar uma intensa campanha para a mobi-

---

[2] O escritor norte-americano John Dos Passos, quando esteve no Brasil no final dos anos 1940, escreveu a seguinte frase sobre Sayão em seu livro *Brazil on the move* (1963:59): "Suas instruções eram construir um conjunto de estabelecimentos agrícolas e celeiros para uma fazenda de gado modelo. Em vez disso, ele construíra uma rodovia e uma ponte sobre um rio" (trad. livre).

lização de trabalhadores nordestinos para o cultivo da borracha na região amazônica. Ao se tornar parte do campo dos Aliados no grande conflito mundial, o governo brasileiro imediatamente estabeleceu íntima relação com os norte-americanos e se responsabilizou pela produção de uma matéria-prima fundamental para a infraestrutura bélica dos Aliados. Essa relação teria profundas implicações para a região amazônica e para os investimentos estatais lá realizados. No próximo capítulo analiso mais detidamente esse evento, por estar diretamente relacionado a um dos braços principais da FBC.

Como se vê, malgrado a diversidade de interpretações a respeito do real significado prático da Marcha para o Oeste, parece-me claro que a Marcha acionou um conjunto variado de práticas estatais e recursos simbólicos, podendo ser entendida a partir de um longo processo de investimentos estatais sobre o território brasileiro no período republicano. Trata-se agora, portanto, de entender o surgimento da FBC nesse contexto e de analisar as redes sociais e políticas que lhe permitiram tão ambiciosos planos.

# 2

# Homens e práticas: a criação da Fundação Brasil Central

## A Expedição Roncador-Xingu e as origens da FBC

Em 1943, o Brasil já se encontrava em guerra contra o Eixo. No ano anterior, foram assinados os Acordos de Washington, que estabeleciam os marcos do intercâmbio comercial e militar entre o país e os Estados Unidos. Na verdade, desde 1940 já havia tratativas entre os brasileiros e os norte-americanos, com a assinatura de variados acordos que envolviam auxílio na construção de um complexo siderúrgico brasileiro, pagamento de dívidas comercias do país, regulamentação de mercado de café, fornecimento de material estratégico brasileiro e negociação em torno dos mercados algodoeiros (Seitenfus, 1993). Para tal aproximação, fundamental foi a atuação de Oswaldo Aranha, ministro das Relações Exteriores do Estado Novo, que logrou costurar os termos da adesão negociada brasileira, garantindo aos americanos a segurança militar do Nordeste e obtendo os benefícios econômicos que o Brasil julgava fundamentais (Moura,1991).

Um dos principais interesses dos norte-americanos era o fornecimento de matérias-primas, em especial a borracha (Moura, 1991), pois desde o início de 1942 os japoneses estavam ocupando mais de 90% das áreas de plantio na Malásia. Já ao Brasil interessava amealhar recursos para seu próprio projeto de desenvolvimento econômico. Pelos termos do acordo, os Estados Unidos forneceriam US$ 100.000.000 por intermédio do Banco de Importação e Exportação de Washington, além de US$ 14.000.000 para desenvolvimento da Estrada de Ferro Vitória-Minas Gerais e para os depósitos de ferro de Itabira. O acordo também previa US$ 5.000.000 para operacionalização da produção de borracha e uma quantia igual para a melhoria das condições de vida no vale amazônico (Oliveira, N., 2001).

Pelo lado americano, a principal agência interlocutora era a Rubber Reserve Company (RRC), posteriormente renomeada Rubber Development Corporation (RDC), constituída em 1940 como subsidiária da Reconstruction Finance Corporation, criada em 1932 no âmbito do New Deal. No lado brasileiro, a missão negociadora foi chefiada por Arthur de Souza Costa, então ministro da Fazenda, e seu principal negociador foi o empresário Valentim Bouças,[3] que detinha forte prestígio junto a Vargas e transitava entre conselhos estatais e empresas privadas, além de se aventurar na atividade jornalística.

Impulsionado pelo acordo e pela perspectiva da transformação da região Norte numa nova área de fronteira do desenvolvimento capitalista, o Estado Novo criou inúmeras agências, entre as quais se podem citar: o Serviço Especial de Mobilização de Trabalhadores para a Amazônia (Semta), a Comissão Administrativa de Encaminhamento de Trabalhadores para a Amazônia (Caeta), a Superintendência do Abastecimento do Vale Amazônico (Sava), o Serviço Especial de Saúde Pública (Sesp), o Ser-

---

[3] Valentim Bouças (1891-1964) foi fundador da revista *Observador Econômico e Financeiro* em 1936 e ocupou, de 1937 até sua morte, a secretaria técnica do Conselho Técnico de Economia e Finanças (CTEF). Foi figura-chave no trânsito entre agências estatais e mundo empresarial na era Vargas, sendo membro da Comissão de Controle dos Acordos de Washington.

viço de Navegação e Administração dos Portos do Pará (Snapp) e o Banco de Crédito da Borracha.

Ainda no ano de 1942, o Estado Novo criara também a Coordenação de Mobilização Econômica (CME), órgão responsável pelo controle da economia brasileira em tempo de guerra, com poder para fixar preços, checar estoques e regular de forma geral o fluxo mercantil. Enquanto órgãos anteriores, como a Comissão de Controle e Abastecimento (1939) e a Comissão de Defesa da Economia Nacional (1940), limitavam-se ao controle de preços e à importação e exportação de matérias-primas, a CME acumulou grandes poderes de intervenção econômica, que iam além do que se praticava em outros países em guerra (Correia e Nogueira, 1976). Foi a CME que firmou contratos com a RRC para a efetivação dos Acordos de Washington, funcionando como mediadora entre a agência americana e os novos órgãos criados pelo lado brasileiro. O cargo de presidente da CME era ocupado por João Alberto Lins de Barros (1897-1955), que também seria o grande incentivador da Expedição Roncador-Xingu (ERX), embrião da FBC.

A ERX inscreve-se, portanto, nesse contexto histórico marcado por uma forte expansão do poder estatal e por um cumulativo processo de investimento estatal sobre o território brasileiro, narrado no capítulo anterior. A portaria que deu vida à ERX — Portaria nº 77, de 3 de junho de 1943 — foi redigida no âmbito da CME e enumerava as seguintes metas para a expedição: partir de Leopoldina, no estado de Goiás, para Santarém, na direção noroeste; procurar o ponto mais favorável sobre o rio das Mortes e fundar um estabelecimento de colonização; em seguida, galgar a serra do Roncador e fundar num ponto conveniente "um núcleo de colonização" para o prosseguimento da expedição; preparar um campo de aviação e iniciar trabalhos agrícolas e de construção. A portaria também menciona que, fundado esse núcleo, um segundo pelotão partiria de Leopoldina e melhoraria o caminho desbravado, fixando 200 famílias por ano.

A serra do Roncador era um lugar que despertava especial fascínio entre parte da opinião pública do período. Terreno de difícil acesso, era cercado de lendas e mistérios a respeito de supostos tesouros e de civilizações perdidas que talvez ali habitassem. Seguindo os possíveis rastros desse mundo de mistérios, o explorador inglês Percy Fawcett desaparecera na região do Alto Xingu em 1925 ao procurar essas civilizações. Seu caso despertou grande interesse, e expedições de jornalistas e aventureiros foram organizadas com o intuito de localizar os restos de Fawcett e desvendar esses mistérios, num sucessivo processo de adensamento simbólico da região.[4]

Voltando à portaria que instituiu a ERX, o documento mencionava as seguintes considerações que justificariam a expedição: a necessidade de criar vias de comunicação com o Amazonas através do interior; a necessidade de explorar e povoar o maciço central do Brasil na cabeceira do rio Xingu, considerada "uma das mais desconhecidas da terra"; e realizar o programa da Marcha para o Oeste. Como se vê, a linguagem burocrática reafirma o projeto de interiorização do poder de Estado, mas pouco diz sobre os interesses mais concretos do Estado brasileiro nessa região. E o que dizem os agentes envolvidos na consecução de tal projeto?

Acary de Passos Oliveira (s.d.), que foi professor e diretor do Museu Antropológico da Universidade Federal de Goiás, além de ter desempenhado diversas funções na ERX entre 1943 e 1945, menciona o motivo oficial — construção de rodovia cortando Sul e Norte do Brasil — e o "secreto" — a preocupação do governo brasileiro com os ataques de submarinos alemães, que evidenciavam a fragilidade da costa brasileira e a necessi-

---

[4] O caso de Fawcett inspirou o personagem cinematográfico Indiana Jones e continua a ser alvo de interesse literário. Além do clássico livro de Hermes Leal (1996) sobre o tema, o escritor americano David Grann (2010) lançou recentemente uma obra sobre Fawcett.

dade de interiorizar as instituições de poder. Outra pista está no Decreto nº 5.801, de 8 de setembro de 1943, que considera "de interesse militar" a ERX. O texto é sucinto, não apresentando considerações ou motivos. Mas a simples existência do decreto já é uma boa evidência da preocupação do governo Vargas com a segurança da região interior do Brasil. Os estudiosos do tema, em geral, sustentam uma variedade de interesses associados à expedição, que vão de interesses comerciais sobre minérios (Menezes, 2000), passando pelo desenvolvimento do mercado interno (Maciel, 2006), até a exibição internacional de domínio do território (Varjão, 1989; Paz, 1994). A preocupação com a segurança nacional num contexto marcado por ambições imperialistas e expansionistas também é usualmente citada como poderosa razão a mover a ERX. Entretanto, uma análise na documentação disponível nas atas do Conselho de Segurança Nacional (CSN) entre 1934 e 1944 não permitiu confirmar essa hipótese.

Por outro lado, a documentação analisada ao longo da pesquisa para este livro revelou que havia interesse do governo brasileiro nos recursos naturais da região, em especial na possível existência de pedras preciosas e demais minerais. Nos arquivos da FBC disponíveis em Brasília, foi possível verificar a existência de relatórios produzidos por funcionários da CME encarregados do tema, sob demanda de João Alberto. O relatório escrito pelo engenheiro Dantas de Queiroz, por exemplo, tem 10 páginas e propõe inclusive a criação de uma autarquia que juntasse garimpagem e lapidação.[5] Em relatório de junho de 1943, o engenheiro Henrique Capper de Sousa menciona a existência de diamante e quartzo na região entre o norte de Goiás e o município de Alcobaça, no Pará, sugerindo maior atenção do governo para a ex-

---

[5] ANB, FBC, caixa 3, Recursos minerais. Dossiê sobre a lapidação de pedras preciosas no Brasil, garimpagem e relatório relativo à existência e à exploração de quartzo e diamante na região do Araguaia.

ploração mineral da região.⁶ Diante dessas informações, solicita que o governo incentive a navegação do Araguaia, a colonização da região e a possibilidade de escoamento da produção pela própria região Norte, não sendo necessária a utilização do porto do Rio de Janeiro. O mesmo engenheiro escreveu, em janeiro de 1944, outro relatório para João Alberto, enfatizando também o potencial das jazidas da região Norte e a necessidade de fazer uso dessas riquezas com o desenvolvimento de serviços federais na área.⁷ No contexto do esforço de guerra, buscava-se interessar os parceiros americanos na empreitada, mas ao que tudo indica o entusiasmo pela mineração na região não era compartilhado. Relatório feito por um funcionário da Kennecote Cooper Corporation, por exemplo, não vê muito valor nas mencionadas jazidas do Araguaia.⁸

Carlos Telles, ex-funcionário da própria FBC, escreveu ainda em 1946 um livro-denúncia contra João Alberto no qual sugeria, numa prosa satírica e sarcástica, que a FBC fora criada como biombo para a captação de recursos privados entre empresários na forma de donativos e a obtenção de lucros nas regiões de atuação (Telles, 1946). Sejam quais fossem as "reais" intenções dos homens por trás da FBC — e é preciso levar em consideração que o livro de Telles foi escrito num período de acerto de contas com a ditadura de Vargas —, é fato que o interesse econômico era determinante, como se depreende da documentação acima, produzida pelos próprios homens de confiança de João Alberto.

Motivada por tais interesses e "mistérios", a expedição foi organizada sob o comando do coronel Flaviano Matos Vanique, ex-chefe da Guarda Pessoal de Vargas, supostamente afastado desse cargo devido a divergências com Gregório For-

---

⁶ Ibid.
⁷ Ibid.
⁸ Ibid.

tunato e Darcy Vargas. A campanha pública realizada pelos expedicionários mobilizou parte da sociedade, e algumas empresas doaram álcool combustível, bebida e lona para a campanha (Villas Bôas e Villas Bôas, 1994; Paz, 1994). Finalmente, após uma missa na catedral da Sé, os homens da ERX partiram de São Paulo em 7 de agosto de 1943, chegando dois dias depois à cidade mineira de Uberlândia, a chamada "boca do sertão", de onde partiriam para atingir Barra Goiana após 10 dias. Ressalte-se que houve mudança no ponto de partida, originalmente previsto para Leopoldina, provavelmente por imposição de João Alberto Lins de Barros. Em Barra Goiana funcionaria a primeira base da ERX, de onde a vanguarda da expedição partiria no dia 3 de dezembro do mesmo ano para o rio das Mortes, que seria atingido em março de 1944, depois de percorrer 300 quilômetros (Meireles, 1960). Nessa localidade foi construída a cidade de Xavantina,[9] e Orlando Villas Bôas seria nomeado inicialmente o chefe da base, acumulando essa função com a de chefe do serviço de penetração.

Desde o início do trajeto, a expedição foi marcada por problemas na liderança. O primeiro subchefe da ERX, o sertanista Francisco Brasileiro, logo se indispôs com Vanique e manifestou seu inconformismo com os planos originais. Em novembro de 1943, desenhou à revelia uma nova rota, que iria do rio das Mortes a Santarém, numa expedição que seria liderada pelo próprio Brasileiro. Esse fato acarretou sua saída da ERX, juntamente com mais 13 companheiros. Para piorar a situação, a esposa de Vanique, Alda, faleceu, o que obrigou o coronel a deixar Orlando Villas Bôas encarregado da vanguarda, ao passo que o até então almoxarife-geral da ERX, Acary Passos de Oliveira, ficaria responsável pela base no rio das Mortes (Varjão, 1989).

---

[9] Em 1982, foi criado o município de Nova Xavantina, que juntou Xavantina e Nova Brasília, localidade que cresceu na outra margem do rio das Mortes.

Os irmãos Cláudio, Leonardo e Orlando Villas Bôas haviam se juntado à expedição poucos meses após seu início. A primeira base da ERX, criada em Barra Goiana, posteriormente transformou-se na cidade de Aragarças, e a primeira fase da empreitada foi cumprida quando os expedicionários atingiram o rio das Mortes, onde fizeram outra base. Em junho de 1945, a vanguarda da expedição, contando com 16 homens, partiria dessa localidade para escalar a serra do Roncador e atingir o Tapajós. Na ocasião, Vanique não ocupava mais a chefia permanente, e seus períodos de ausência começariam a incomodar outros, em especial os irmãos Villas Bôas. A serra foi alcançada em um mês, e a base de Tanguro foi construída em setembro. Com o estabelecimento de um campo de pouso próximo, a base começa a receber outros membros da ERX, cinegrafistas, exploradores e até deputados. Essa conquista marca o fim da primeira fase, iniciando-se então a tentativa de atravessar o chapadão e navegar os formadores do Xingu.

Na retaguarda da ERX, tentava-se organizar a estrutura das bases e dar início aos projetos de colonização. Em junho de 1945, Aragarças foi visitada por uma comitiva composta pelo então general Dutra, pelo próprio João Alberto, por Pedro Ludovico Teixeira, interventor de Goiás, e por homens fortes da administração federal, como Luiz Simão Lopes, do Departamento Administrativo do Serviço Público (Dasp). O trabalho de divulgação política e midiática da ERX estava a todo vapor. A revista *Cruzeiro* publicava reportagens e fotos de Jean Manzon, destacando a dimensão aventureira e heroica dessa empreitada estatal. Manzon chegara ao Brasil pouco tempo antes, e trabalhara no DIP. Juntamente com o jornalista David Nasser, inauguraria um padrão de reportagem marcado por grandes fotos expressivas, distantes do tradicional modelo posado, acompanhadas por longos textos em tom grandioso. A ERX seria o espaço perfeito para essa empreitada, e a reportagem "Enfrentando os Xavantes", de 1944, produziria enorme impacto na opinião pública, com suas fotos dos xavantes atacando um avião com bordunas (Barbosa, 2002).

A chegada ao Xingu e a fundação de Xavantina marcam o fim da primeira fase da ERX, quando essa expedição era a principal ponta de lança das atividades no Brasil Central. Como se verá adiante, entre 1946 e 1948 a expedição sofreu com a própria crise da FBC, e só foi ganhar outro impulso na gestão do general Borges Fortes de Oliveira, no segundo semestre de 1948.

## A FBC: projetos e estrutura

Enquanto a ERX apenas iniciava sua longa marcha sertão adentro, a FBC já havia sido criada pelo Decreto nº 5.878, de 4 de outubro de 1943. Esse fato, aliás, não deixou de ser percebido com preocupação pelos principais líderes da ERX, que acreditavam que isso implicaria alterar o trajeto da expedição (Oliveira, s.d.) ou mesmo criar problemas administrativos — e eles estavam corretos, como se verá adiante. O decreto de criação da FBC descrevia em seu primeiro artigo os objetivos da Fundação: "[...] desbravar e colonizar as zonas compreendidas nos altos rios Araguaia, Xingu e no Brasil Central e Ocidental" (Meireles, 1960:274). Já o segundo artigo evidenciava a subordinação da ERX à FBC, pois os bens daquela seriam incorporados a esta. O terceiro artigo, por sua vez, mencionava que a Fundação seria dirigida por um presidente assistido por um Conselho Diretor de 10 membros, designados pela presidência. Note-se que, segundo a proposta de reorganização oficial do território brasileiro feita pelo IBGE em 1940, o Brasil do "Centro" seria composto pelos estados de Goiás, Mato Grosso e Minas Gerais, não havendo Brasil "Ocidental", mas sim Norte, Nordeste, Este e Sul (IBGE, 1940).

Curiosamente, a escritura de constituição da FBC, registrada em abril do ano seguinte, designava a FBC como uma entidade de direito privado, embora o decreto que lhe deu vida franqueasse a ela privilégios similares aos das autarquias federais em matéria de comunicação, transporte e selo. Além disso, era-lhe permitido receber doações privadas e subsídios dos poderes públicos. Na visão crítica de Carlos Telles (1946), essa configuração se justificaria pela sanha predatória de João Alberto e seu grupo: a moldura do direito privado conferia a possibilidade de distribuição de lucros aos acionistas. Como se verá, essa natureza, digamos, flexível da FBC seria fonte de grande mobilidade administrativa ainda no período do Estado Novo, ao mesmo tempo que causaria problemas com outros níveis de administração.

O capital inicial da FBC era de CR$ 722.188, sendo pouco mais de CR$ 55.000 em moeda corrente e o resto composto a partir dos bens da ERX, entre os quais se podem citar: víveres, material de acampamento, armas e munições, ferramentas, combustíveis e lubrificantes, medicamentos, material fotográfico e material de escritório.

O quadro ao final do ano de 1943 caracterizava-se pela extrema ambição que marcava esses projetos. Se o processo de investimento estatal sistemático sobre o território lançava raízes na Primeira República, é inegável que o Estado Novo permitiu uma ampliação significativa desse movimento de territorialização estatal.

Chamo a atenção para a extensão da área de atuação da FBC — Brasil Central e Oriental, entidades que não existiam de forma clara na divisão regional brasileira — e para a imprecisão de suas atribuições específicas. A escritura menciona "desbravamento e colonização", mas no decorrer de sua vida a Fundação iria construir cidades, organizar campos de pouso, abrir estradas, estabelecer entrepostos comerciais, administrar ferrovias e gerir processos de mobilização e colonização de trabalhadores.

Além de dar suporte à ERX, a FBC auxiliaria os diversos órgãos do Estado Novo voltados para a "batalha da borracha", organizando um Setor Norte responsável por convênios com o Semta e outras entidades. Isso sem mencionar seu envolvimento com a pesquisa antropológica no Alto Xingu e com a própria gestão da questão indígena, envolvendo-se em inúmeros momentos com o SPI e seus profissionais. O assombroso escopo de suas atividades seria inversamente proporcional à capacidade financeira e administrativa da Fundação, o que seria raiz de boa parte de seus problemas ao longo de décadas, até sua extinção em 1967 e incorporação à Sudeco.

A FBC controlava duas usinas: a Central Sul-Goiana, instalada em Rio Verde, e a Fronteira, localizada em Frutal, Minas Gerais. Além disso, controlava os Entrepostos Comerciais Brasil Central — com sedes em São Paulo e escritórios em Uberlândia, Aragarças, Belém e Santarém — e a Companhia de Navegação Amazonas, voltada para o transporte fluvial na rota Belém-Porto Velho (Maciel, 2006). Finalmente, teve sob seu controle a Estrada de Ferro Tocantins (EFT) entre 1945 e 1967, sob regime de cessão. Essa ferrovia vinha sendo construída desde 1890, e dirigentes da FBC esperavam que a finalização de seu trajeto permitisse escoar a produção agrícola do Brasil Central para a cidade de Belém.[10] Note-se que as usinas tinham capital misto, embora a FBC mantivesse o controle acionário. A ideia era atrair capitais privados e auferir lucros com essas iniciativas, que supostamente deveriam ser revertidos para as atividades-fim da FBC, em especial a colonização da região.

Para completar esse quadro, a FBC tinha uma estrutura complexa, que foi sendo alterada ao longo do tempo. Em documento de 1946[11] menciona-se a "administração geral" e

---

[10] ANB, FBC, caixa 35, Código 941.9 Estrada de Ferro Tocantins doc. 1925.
[11] Cpdoc, AHN, 44.01.20 AP.

nove departamentos em operação: médico, rádio e comunicações, jurídico, estradas, construções, utilidades públicas, estudos técnicos/pontes/campos de pouso, terra e colonização e, finalmente, estudos econômicos. Além disso, a parte física da FBC distribuía-se por diversas regiões do país. O documento descreve as três bases existentes (Aragarças, Xavantina e São Félix), os escritórios administrativos localizados em São Paulo, Rio de Janeiro, Uberlândia, Rio Verde, Caiapônia, Belém, o subescritório de Santarém e o setor Norte, cuja sede seria em Belém. Um patrimônio vasto, que demandava considerável soma de recursos. Em dezembro de 1946, um balancete mostrava que a FBC tinha mais de CR$ 9.000.000 aplicados em ações das duas usinas, cerca de CR$ 4.500.000 nos entrepostos, quase CR$ 1.100.000 nos terrenos e CR$ 1.560.000 numa granja em Caiapônia.[12] O mesmo balancete, aliás, menciona apenas sete departamentos (omitindo o de estudos econômicos e classificando o jurídico como parte da estrutura administrativa geral), classifica São Félix como um posto de expedição, e não uma base (as três seriam Rio Verde, Caiapônia e Aragarças), e refere-se também à existência de escritório em Anápolis. Como se vê, o tamanho da burocracia era uma incógnita até para seus operadores. Por sua vez, um organograma sem data disponível no arquivo Paulo de Assis Ribeiro evidencia essa complexa arquitetura administrativa, na qual existem "serviços", "organismos autônomos" (como usinas, transportadora e entrepostos), "escritórios", "Base de Aragarças" e "Expedição Roncador-Xingu".[13] Note-se, aliás, que apenas em dezembro de 1948 os livros contábeis da FBC passaram a ser organizados e registrados de forma legal, segundo legislação vigente![14]

---

[12] ANB, FBC, caixa 40, Contabilidade balanços 1946.
[13] AN, PAR, caixa 15, pasta 8, Organograma.
[14] ANB, FBC, caixa 32, Ata da 54ª Sessão do Conselho Diretor da FBC.

João Alberto não ignorava o tamanho das exigências financeiras necessárias para bancar tal empreitada, tanto que pensou num plano para garantir um fluxo incessante de recursos para a FBC: apropriar-se dos *royalties* das patentes farmacêuticas que o Estado Novo quebrara durante a Segunda Guerra Mundial. Em carta escrita em 28 de setembro de 1945, o então presidente da FBC solicitava a Vargas a cessão dos direitos de exploração das marcas alemãs Mosh e Bayer para a FBC, como forma de lhe conceder regularidade nas ações.[15] A ideia de João Alberto era criar o Laboratório Brasil Central, mas a reação das empresas foi violenta. As patentes seriam cedidas em dezembro de 1946, após perícia contábil, mas o caso continuou sendo questionado, tendo sido revertido por volta de 1950.

O projeto original era ainda mais ambicioso do que o efetivado. Num ofício datado de 15 de outubro de 1943, oriundo do gabinete de João Alberto na CME, Artur Hehl Neiva apresenta um primeiro estatuto da FBC, acompanhado de uma exposição de motivos.[16] Em seus comentários, Hehl Neiva destaca a necessidade de ampliar o poder de ação da Fundação, conferir-lhe o estatuto de instituição de direito privado e livrar seu presidente das regras e das leis que regem os projetos de colonização e imigração. No texto do anteprojeto dos Estatutos, lê-se no art. 3º que o governo federal concederia à Fundação "isenção de impostos federais, estaduais e municipais", regra inexistente nos Estatutos registrados oficialmente no ano seguinte. O inciso II do mesmo artigo menciona ainda a liberdade da FBC de dispor livremente das terras necessárias para a realização de seus objetivos, algo justificado na exposição de Hehl Neiva como uma necessidade para evitar conflito com os poderes locais. Esse dis-

---

[15] ANB, FBC, caixa 51, Código 512.3 Estrada de Ferro Tocantins. Marcas e Patentes Mosh e Bayer. Pasta n. 1 1946.

[16] ANB, FBC, caixa 41, Estatutos. Projeto dos estatutos da FBC elaborado pela Fontec-RJ.

positivo também não vingou na versão final, e, como se verá, choques com autoridades regionais e demais cidadãos com terras nas regiões de atuação da Fundação foram uma tônica na vida institucional da FBC.

No mesmo dossiê que contém o anteprojeto, há também o parecer da Procuradoria Geral da Fazenda Pública, assinado por João Domingues de Oliveira em 24 de setembro de 1944. Nesse documento, o procurador afirma que "há a considerar o agigantado plano econômico nacional de que se incumbe a nova entidade, cujos fins mal se contêm nas disposições estatutárias que, em certos pontos, se aprovadas por um decreto-lei, importariam a alteração de preceitos legais, ora inoperantes".[17] Referindo-se ao artigo sugerido por Hehl Neiva, que dispensava a FBC da necessidade de negociar com os poderes regionais, o procurador sustenta que "parece não ser possível dispensar em todos os casos 'o necessário assentimento das autoridades locais' para que valha a escolha das áreas a serem desbravadas e colonizadas". O procurador também menciona os direitos dos "silvícolas" na posse de suas terras. Como se vê, o anteprojeto elaborado por Hehl Neiva assustava até intérpretes jurídicos orientados para a defesa da Carta de 1937, centralizadora e autoritária!

No desempenho de suas atividades, a FBC se confundiria com outros órgãos do Estado Novo que tratavam de questões e problemas assemelhados. Seriam constantes as tratativas com o Serviço de Proteção ao Índio (SPI) e com o Semta, anteriormente Comissão Administrativa de Encaminhamento de Trabalhadores para a Amazônia (Caeta). Esse órgão era fundamental para a efetivação do que fora acordado entre os governos brasileiro e norte-americano nos termos dos Acordos de Washington. Tratava-se, portanto, de organizar a logística de transporte

---

[17] Id., Parecer da procuradoria geral de Fazenda Pública.

dos trabalhadores para as regiões onde seria impulsionada a coleta da borracha, como parte do esforço de guerra.

O *modus operandi* da FBC era assinar convênios com esses órgãos, como no caso da comissão de encaminhamento de trabalhadores. Em documento de janeiro de 1944,[18] a FBC se compromete a encaminhar mil trabalhadores para a região, além de prover assistência médica e sanitária a eles, recebendo em troca CR$ 2.000 por trabalhador encaminhado. Note-se que essas atividades não estavam previstas de forma específica no decreto que criou a FBC. Como se vê, a sobreposição de funções era grande, e o escopo de atividades da Fundação parecia não ter limites, seguindo o caminho de seu presidente pelos meandros da máquina estatal.

A parte das atividades da FBC referente à "batalha da borracha" compunha o chamado "Setor Norte", sob responsabilidade de Paulo de Assis Ribeiro. Formalmente, esse Setor operava como um escritório da Fundação, mas na prática tinha enormes dificuldades para realizar suas atividades de forma integrada ao planejamento da FBC. O repasse de recursos por conta do encaminhamento de trabalhadores era a principal forma de financiamento desse Setor, e era motivo de constantes preocupações dos operadores da Fundação. Em carta de João Alberto a Paulo de Assis Ribeiro, datada de 19 de janeiro de 1944,[19] o então presidente da FBC insistia na necessidade imediata da abertura de uma agência de recrutamento de trabalhadores em Belém, bem como de uma agência de serviços em Santarém, que regularizaria a documentação dos trabalhadores, em especial suas cadernetas. João Alberto recomendava não pagar imediatamente a esses trabalhadores, para "evitar o parasitismo", e sugeria dar-lhes um lote de terra após seis meses de atividade.

---

[18] PAR, caixa 15, pasta 4.
[19] Ibid.

Além do recrutamento de trabalhadores para a produção de borracha, o Setor Norte também se interessava pela exploração agrícola e pecuária no alto do rio São Manoel e pela pesquisa de jazidas de calcário e petróleo no Baixo Tapajós. A organização de uma empresa para melhoramentos e serviços no Tapajós também estava nos planos.[20] Essa empresa seria organizada de acordo com diversas quotas de participação, entre as quais a da própria FBC, cujo presidente deveria ser também o diretor da empresa.

A despeito de todos esses planos, a FBC sofreu desde o início com a total falta de infraestrutura adequada na região. Relatório escrito pelo funcionário Ramalho Franco já alertava sobre a baixa capacidade produtiva dos estaleiros navais e a inexistência de indústrias de artefatos de madeira na cidade de Santarém, onde seria instalada uma base da Fundação.[21]

Como se sabe, a "batalha da borracha" não terminou bem. María Verónica Secreto (2007) argumenta que a totalidade das exportações de borracha brasileira entre 1943 e 1946 estava longe de suprir o consumo anual dos Estados Unidos em 1943. Além disso, o recrutamento em massa produzido pela campanha governamental produziu um custo enorme para milhares de famílias e de trabalhadores. Muitos nordestinos atraídos para a região morreram ou desapareceram na selva, e as promessas de assistência médico-sanitária não foram plenamente efetivadas. A própria ajuda de custo às famílias que permaneceram no Nordeste esperando seus maridos foi cortada em 1944. Em 1946, uma CPI organizada no Congresso exporia numerosos problemas, mas o reconhecimento da responsabilidade do Estado brasileiro só viria em 1988, com a concessão de pensão para esses "soldados da borracha".

---

[20] AN, PAR, caixa 17, pasta 2.
[21] AN, PAR, caixa 15, pasta 8.

A relação com o SPI também era fundamental para a FBC, pois a ERX adentraria áreas habitadas quase exclusivamente por tribos indígenas, muitas das quais nunca contatadas até então. As comunicações eram constantes entre os dois órgãos, e não era incomum que o SPI buscasse facilitar o trabalho da FBC. Como argumenta Seth Garfield (2001), selou-se um acordo segundo o qual o Serviço oferecia assistência aos trabalhadores e funcionários estatais quando do contato com indígenas que ainda não teriam sido pacificados pela ação dos sertanistas. Ao mesmo tempo, os membros da ERX se comprometeriam a seguir as recomendações e os regulamentos do SPI. A análise de Garfield pode ser confirmada na documentação verificada.

Em ofício reservado escrito pelo coronel Vicente de Paulo Vasconcelos, reconhece-se a necessidade de a ERX entrar em áreas indígenas as quais o SPI buscava resguardar, por conta do esforço de guerra e da busca de matérias-primas. Além disso, o coronel reconhece que as terras indígenas deveriam ser alvo de iniciativas colonizadoras no pós-guerra, que levassem ao estabelecimento da "civilização" na região.[22] Segue-se então a recomendação para que os trabalhadores da ERX sigam os procedimentos de aproximação do SPI: atração, namoro, não retaliação e respeito aos utensílios indígenas. Entretanto, o próprio Garfield argumenta que havia tensões entre os dois órgãos, por conta da diversidade de objetivos e da própria composição de cada um. Mais uma vez, nota-se o grande poder amealhado por João Alberto e seu grupo no período final do Estado Novo, que se traduziria na extensão do raio de atuação da Fundação, em muitos casos sobrepondo-se aos outros órgãos do governo.

Como se vê, a ambição revelada pelo projeto da FBC traduziu-se numa complicada malha burocrática, que não apenas

---

[22] ANB, FBC, caixa 7, Proteção aos índios: termo de acordo, convênios, correspondências diversas.

escapava a seus operadores, mas é de difícil objetivação mesmo para o pesquisador, que se vê às voltas com organogramas conflitantes, sempre prontos a serem refeitos. A aprovação de um Estatuto mais comedido do que o pretendido pelos principais agentes envolvidos na criação da FBC não seria garantia de uma administração tranquila. A história da FBC seria marcada por choques com os poderes estaduais, conflitos com a população local, problemas de gestão financeira e ambiciosos projetos de ordenação territorial que se mostrariam inexequíveis. Porém, antes de continuar com a história da FBC e de suas práticas estatais, faz-se necessário desvendar as redes políticas e sociais que envolviam seus agentes. Afinal, é impossível entender o alcance das dinâmicas territoriais lançadas pela Fundação sem atinar para o acúmulo de poder logrado por alguns de seus personagens e pelo tipo de experiência social e intelectual que os animou.

## Personagens, redes e socialização

Como a hipótese central que guia este livro diz respeito à relação entre ideias e práticas estatais, meu foco nesta seção recairá sobre os personagens relacionados à produção escrita da FBC. Ou seja, não pretendo realizar extensa prosopografia do pessoal burocrático, mas realçar sociologicamente os principais articuladores das redes que conformaram a gênese da FBC.

O principal ator responsável pela existência da FBC foi João Alberto Lins de Barros (1897-1955).[23] Nascido numa extensa família pernambucana (15 filhos ao todo), que era chefiada por um professor do Ginásio Pernambucano — Joaquim Cavalcanti Leal de Barros —, João Alberto seguiu trajeto comum a outros

---

[23] Informações biográficas de João Alberto extraídas do verbete no *Dicionário histórico-biográfico brasileiro*, editado pelo Cpdoc (verbete on-line).

jovens em busca de mobilidade e segurança: tentou formar-se como engenheiro na Politécnica (abandonou-a em 1915), partindo depois para a carreira militar. Em 1919, já se encontrava na famosa Escola Militar de Realengo, celeiro de jovens militares que teriam grande envolvimento na vida política do país. Ali, João Alberto aderiu ao movimento de 1922 e conheceu alguns amigos que levaria para a FBC e para outras agências do Estado Novo.

A partir desse momento, a história pessoal de João Alberto confunde-se com o movimento tenentista. Toma parte no movimento de julho de 1924, juntando-se às tropas de Isidoro Dias Lopes que tentavam tomar Alegrete. Após derrota sofrida para os legalistas chefiados por Flores da Cunha, ruma para a Argentina e de lá para São Borja, onde se junta aos homens chefiados por Luiz Carlos Prestes, que rumavam na direção norte para encontrar as tropas paulistas originalmente em Catanduva. Dessa movimentação militar surgiu a 1ª Divisão Revolucionária, comandada por Prestes e por Miguel Costa, que durante os próximos anos varreria o território nacional numa guerra de movimento sob a alcunha de Coluna Miguel Costa-Prestes, ou, mais simplesmente, Coluna Prestes.

Com a migração da Coluna para a Bolívia em fevereiro de 1927, João Alberto passou por intenso período de clandestinidade e conspiração, usando identidades falsas para se locomover no território brasileiro. Depois do sucesso do movimento de 1930, que contou com sua participação no comando revolucionário, João Alberto foi alçado a posto de confiança do governo Vargas. Entre 1930 e 1931, ocupou a interventoria de São Paulo, onde se indispôs com parte significativa dos líderes políticos do Partido Democrata e se aliou provisoriamente a setores mais radicais do movimento de 1930, fundando a Legião Revolucionária juntamente com Miguel Costa. Porém, não suportou as pressões das elites paulistas e deixou seu cargo em julho de 1931. Continuou atuando junto aos remanescentes do movimento tenentista, em especial no Clube 3 de Outubro e na direção do jornal *A Nação*, além de ter participado da Constituinte de 1933, eleito pelo Partido Social-Democrático (PSD) de Pernambuco. Sua passagem pela Chefatura de Política e os serviços prestados a Vargas podem ter contribuído para sua entrada no serviço diplomático em 1935, função na qual desempenhou missões nos Estados Unidos, na Europa e na Argentina. Como se percebe, o caminho até a Coordenadoria de Mobilização Econômica foi marcado pelo acúmulo de prestígio pessoal junto a Vargas e pelo trânsito em circuitos tenentistas e militares, áreas nas quais exercia grande influência e seria ideologicamente formado.

Junto a João Alberto estavam outros dois homens que iriam constantemente acompanhá-lo em suas iniciativas no Estado brasileiro, e cujos nomes apareceriam na escritura de constituição da FBC. São eles Artur Hehl Neiva e Paulo de Assis Ribeiro (1906-73). O primeiro seria secretário-geral da FBC entre 1944 e 1946 e 1947-48, ocupando algumas vezes a presidência em exercício. Paulo de Assis Ribeiro, por sua vez, foi chefe do Serviço de Planejamento da FBC em 1944, responsável por organizar a estrutura administrativa da Fundação, além de coordenar as atividades do Setor Norte e participar do Semta. A trinca estaria também na fundação do Centro Brasileiro de Pesquisas Físicas (CBPF), em 1949, ocupando cargos de relevo.

Personagem fundamental na engrenagem da FBC, Artur Hehl Neiva era filho do famoso sanitarista Artur Neiva (1880-1943), discípulo de Oswaldo Cruz e companheiro de Belisário Pena na já citada expedição pelo norte da Bahia, sudoeste de Pernambuco, sul do Piauí e partes de Goiás em 1912, que resultou em um conhecido relatório sobre essas regiões, lançado em 1916. Artur Neiva, aliás, teve uma trajetória que se entrelaçou com a de João Alberto em vários momentos: foi seu secretário do Interior na interventoria paulista em 1931 e também participou do jornal *A Nação*, sendo eleito pelo PSD para a Constituinte. Além disso, fez parte do conselho consultivo da Coordenação de Mobilização Econômica em 1942.

Nascido em junho de 1909, Hehl Neiva formou-se em Engenharia na Escola Politécnica do Rio de Janeiro em 1929, graduando-se também como engenheiro eletricista pela Escola Nacional de Engenharia em 1934.[24] No mesmo ano, tornar-se-ia membro da Comissão Interministerial de reforma da legislação imigratória em 1934, iniciando uma trajetória ligada ao problema migratório que culminaria em sua participação como membro do CIC entre 1938 e 1947.

Ao longo da década de 1930, Hehl Neiva publicaria diversos escritos sobre problemas econômicos e sociais em jornais e periódicos, entre os quais *O Radical*. Neles, analisava problemas de planejamento e defendia a economia dirigida como forma de modernização do Brasil. Além desse notável enraizamento no coração da máquina de repressão varguista, Hehl Neiva acompanharia João Alberto na Coordenação da Mobilização Econômica, onde trabalhou entre 1942 e 1944 como assistente responsável pelo Setor de Combustíveis e Energia.

No contexto do Estado que foi sendo montado após a Revolução de 1930, Hehl Neiva foi nomeado chefe do Gabinete do Secretário de Agricultura de São Paulo entre 1930 e 1931, ocupando posteriormente diversos cargos de confiança no aparato de intervenção varguista, entre os quais o de inspetor federal do Ensino Secundário entre 1931 e 1937. Deve-se citar também seu cargo de diretor de administração do Departamento Federal de Segurança Pública (DFSP), no qual permaneceu entre 1932 e 1942, atuando proximamente a João Alberto, que foi chefe de polícia durante o período. Assim como o pai, Hehl Neiva foi

---

[24] Todas as informações biográficas sobre Hehl Neiva foram retiradas de seu *curriculum vitae*, disponível em seu arquivo pessoal (Cpdoc, AHN, AHN dp 1931.08.07, folhas 5 e 11).

pesquisador do Instituto Oswaldo Cruz, tendo passado também pelo Ministério da Agricultura no período pós-1930, onde foi diretor do Instituto de Química. Porém, Hehl Neiva teve seu momento de maior destaque na máquina estado-novista nas agências estatais destinadas a regular a questão migratória. Nesse debate, travado dentro do governo, proposições racistas e antissemitas grassavam, e defendia-se a ideia de uma imigração controlada e "saudável", que afastasse comunistas, populações inferiores e povos pouco afeitos ao trabalho rural. É polêmico na literatura o estatuto desse antissemitismo oficial e sua real repercussão na vida brasileira, a despeito da existência de circulares secretas do Itamaraty que preconizavam a restrição aos judeus (Maio, 1999). Hehl Neiva, então membro do Conselho de Imigração, escreveu em 1939 o texto "Estudos sobre a imigração semita" (1945), no qual defendia que judeus não eram um grupo nacional, portanto deveriam ser diluídos nas respectivas cotas nacionais. Esse texto era alvo de numerosas restrições no CIC, no qual tendências antissemitas proliferavam. Como membro do Departamento Brasileiro de Imigração, foi um dos responsáveis por tentar operar um convênio com o Comitê Intergovernamental de Refugiados (CIR) para acolher judeus e outros deslocados em terras brasileiras no pós-Segunda Guerra. Sua proposta ia de encontro às tendências antissemitas hegemônicas nos órgãos de controle, como atesta Avraham Milgram (1999) em um dos poucos textos dedicados exclusivamente ao personagem. Note-se, porém, que Neiva não se opunha ao sistema de cotas para prevenir a imigração de negros e "amarelos", pois acreditava que era direito de cada nação buscar determinada "constituição étnica" desejável, o que evidencia a persistência da ideologia do branqueamento entre as elites estatais brasileiras (Seyferth, 1999). Como não é objeto deste livro retomar essa discussão, reporto o leitor aos bons trabalhos de Jeffrey Lesser (1999), Marcos Chor Maio (1999) e

Roney Cytrynowicz (2002). Quanto a Hehl Neiva, sua participação nos primórdios da FBC atesta não só sua ligação com João Alberto, como também a importância que dava à necessidade de articular o problema da colonização dos interiores com as políticas imigratórias do país.

Ao organizar a FBC, João Alberto também convocou diversos colegas de turma da Escola de Realengo, entre os quais podemos citar: Rui Mourão, Hercolino Cascardo, Silo Meireles, o já mencionado Paulo de Assis Ribeiro e Manoel Ferreira — este viria a ser presidente interino da Fundação a partir de fevereiro de 1947. Alguns desses homens seguiram caminho semelhante ao de João Alberto, passando do tenentismo para cargos no Estado varguista, enquanto outros se juntaram a Prestes, num trajeto que combinava uma estrutura de sentimentos tipicamente tenentista com um programa comunista. Foi o caso de Silo Meireles, que serviu na Escola Militar em 1919, tendo participado do levante chefiado por Xavier de Brito, lendário herói da Guerra de Canudos. Assim como João Alberto, Meireles peregrinou por prisões e pela vida clandestina, ligando-se ao grupo conspirador de Siqueira Campos, Estillac Leal e Juarez Távora, entre outros. Em 1930, resolveu ficar ao lado de Prestes, quando este, da Argentina, lançou o manifesto que marcava sua adesão ao marxismo. Viajou à União Soviética e ligou-se de forma definitiva ao Partido Comunista Brasileiro (PCB), ocupando posteriormente um posto no comitê central da Aliança Nacional Libertadora (ANL).

Após sua participação no levante comunista de 1935, Silo Meireles foi preso e permaneceu encarcerado até 1941, quando João Alberto conseguiu livrá-lo da cadeia, empregando-o a partir de 1943 nos quadros da FBC. Mudou-se para Caiapônia, onde permaneceu até 1948, sendo depois transferido para o escritório central da Fundação no Rio de Janeiro, como auxiliar do general Borges Fortes, então presidente da FBC. Na ocasião, já estava rompido com Prestes por discordar da estratégia pecebista de defender a permanência de Vargas à frente do novo processo constituinte.²⁵ A escolha de Goiás também não era incomum. O estado era governado por Pedro Ludovico Teixeira, interventor que fora peça-chave na construção de Goiânia e no deslocamento do eixo do poder local, apresentando-se como alternativa modernizadora à dinastia local dos Caiado. Segundo afirma Luiz Zimbarg (2001) em dissertação sobre as relações entre comunismo e tenentismo, Pedro Ludovico protegia militantes comunistas em Goiás que poderiam operar como quadros técnicos na máquina pública. Foi esse, por exemplo, o caminho dos irmãos Francisco e Cildo Meireles, que trabalharam no SPI e foram fundamentais na consolidação do sertanismo como carreira estatal.

Trajeto similar ao de Silo Meireles foi o de Hercolino Cascardo²⁶ (1900-67), ex-estudante da Escola Naval, onde ingressara em 1915. Tendo tomado parte na sublevação de 1924, também conheceu o exílio (na cidade uruguaia de Rivera) e a vida clandestina, ligando-se aos grupos tenentistas que fundaram o Clube 3 de Outubro em 1931, entidade da qual foi vice-presidente. Chegou a ser interventor militar no Rio Grande do Norte por um curto período em 1931 e a ter papel de destaque no combate aos revoltosos de 1932, mas desiludiu-se com os rumos do movimento de 1930 por conta de suas inclinações socialistas. Participou da fundação do primeiro Partido Socialista Brasileiro (PSB), ingressando posteriormente na ANL. Foi presidente nacional da entidade, sendo preso após o levante de 1935 e libertado em 1937. Assim como Meireles, foi convocado por João Alberto para trabalhar na Fundação, ocupando o cargo de dire-

---

²⁵ Essas informações biográficas de Silo Meireles também seguem o verbete sobre ele no *Dicionário histórico-biográfico brasileiro* (verbete on-line).

²⁶ A nota biográfica segue o verbete de Herculino Cascardo no *Dicionário histórico-biográfico brasileiro*.

tor da Usina Central Sul-Goiana, um dos principais empreendimentos da FBC. Como se verá adiante, essa usina foi motivo de muita dor de cabeça para os presidentes subsequentes da FBC, por conta de seu lastimável estado financeiro.

Tanto Silo quanto Herculino foram temporariamente lotados na base localizada em Rio Bonito, onde aferiam, respectivamente, CR$ 5.000 e CR$ 2.000.[27] Meireles era oficialmente contratado como encarregado do entreposto, enquanto Cascardo não tinha designação oficial como secretário. Estilac Leal, outro homem de Realengo, era lotado na base de Barra do Garças, onde aferia CR$ 5.000 como médico, mesma quantia recebida por Darcílio Vahia de Abreu — outro com perfil social e político similar —, encarregado do hospital na localidade citada.

Paulo de Assis Ribeiro, por sua vez, foi homem-chave nos aparatos burocráticos do varguismo. Filho de Joaquim de Assis Ribeiro, que era engenheiro formado na Escola de Minas de Ouro Preto (Emop) em 1894 e ex-diretor da Estrada de Ferro Central do Brasil (EFCB), cursou o Ginásio Brasil, no qual se matriculou em 1914. Posteriormente, estudou na Politécnica, formando-se engenheiro geógrafo em 1928 e civil em 1930. Antes dessa formação, contudo, trabalhou em Pernambuco como professor de cálculo (1925-26). No período pós-revolucionário, trabalhou como diretor-geral da Diretoria Nacional de Educação, no âmbito do Ministério Capanema, entre 1934 e 1935, sendo também presidente da ABE no mesmo período. Continuou atuando na área educacional como burocrata, ocupando a Diretoria de Educação em São Paulo entre 1936 e 1937 e a Secretaria de Educação do Distrito Federal entre 1938 e 1939.

A carreira de Assis Ribeiro no coração da máquina estado--novista atesta sua intimidade com os círculos de poder buro-

---

[27] AN, PAR, caixa 16, pasta 6.

crático nos quais João Alberto também navegava com facilidade. Exerceu funções em fundos de pensão (IAPC), comissões de planejamento (ajudou a organizar o Instituto do Açúcar e do Álcool) e no próprio treinamento burocrático, já que foi engenheiro do Dasp entre 1940 e 1950. Foi nomeado por João Alberto para o Semta, cargo que ocupou até 1944, seguindo o ex-ministro para a FBC, na qual foi chefe de planejamento no mesmo ano. Entre 1944 e 1945, participou da criação e da institucionalização da Fundação Getulio Vargas, mantendo ao longo dos anos seguintes notável folha de serviços prestados à máquina estatal, destacando-se no CBPF, outra iniciativa militar-estatal-científica na qual pontificou João Alberto. Ao falecer em 1974, Assis Ribeiro já tinha em seu currículo inclusive a organização da política agrária do governo militar instalado no país em 1964.

É claro que a existência de redes de amizade sólidas entre esses personagens foi determinante para a montagem da equipe que trabalhou na FBC, mas as relações entre comunismo e tenentismo são por demais próximas para que não localizemos ali certa experiência afetiva e intelectual comum, que imprimiria sua marca na FBC e em outras práticas estatais orientadas para a expansão da autoridade pública sobre o território. Essa hipótese foi trabalhada numa chave sociológica por Leôncio Martins Rodrigues (1981). No cerne dessa experiência estão o ideário tenentista e sua forma de ação política, marcada pelos levantes de 1922 e 1924 e pela própria experiência da Coluna Prestes.

Não cabe aqui uma interpretação nova sobre o tenentismo, fenômeno bem estudado na literatura especializada. Surgido na esteira da derrota da Reação Republicana capitaneada por Nilo Peçanha em 1922, esse movimento agregou um jovem oficialato oriundo de setores médios e baixos, atuando no seio de um Exército marcado pela presença dos jovens turcos e pela chegada da Missão Francesa em 1920 (Prestes, 1991). Interpretações consagradas, como a de Edgard Carone (1975), sustentam uma divisão entre tenentismo "político", organizado ao redor de João Alberto e Siqueira Campos, e "social", centrado na figura de Luís Carlos Prestes. Outras, como a de Maria Cecília Forjaz (1982), analisam o período pós-1930 como uma derrota da fragmentação tenentista diante da política bem-sucedida de unificação do Exército. Passando ao largo dessa polêmica, interessa-me mais apontar o tipo de sensibilidade específica dessa geração e suas visões sobre o Brasil.

Os manifestos dos tenentes permitem aquilatar os diferentes pontos que marcavam as visões desses homens sobre a política e o país. No primeiro, de 17 de julho de 1924, menciona-se a necessidade do voto secreto, a reforma do Judiciário no sentido de sua moralização e a introdução de um ensino primário obrigatório e patriótico. O contexto é marcado pela revolta do mesmo ano, deflagrada em São Paulo no mês de julho e seguida por revoltas no Rio Grande do Sul, conduzidas por Prestes em Santo Ângelo, por Siqueira Campos em São Borja e por Juarez Távora em Uruguaiana.

O Manifesto de São Borja, por sua vez, menciona também a necessidade de unificação do Fisco, do ensino, do Judiciário e do regime eleitoral, eliminando a influência das oligarquias locais. Os signatários escrevem também sobre a necessidade de castigar os "defraudadores do povo" (Carone, 1975). As negociações entre os diversos líderes do movimento militar indicam a busca por um programa mínimo, cujo cerne seria a moralização da política e a introdução de reformas que garantissem a verdade do voto e o funcionamento livre da Justiça. Entretanto, o Manifesto de João Cabanas, datado de dezembro de 1926, refere-se à distribuição de terras, à nacionalização de minas e do comércio e ao fortalecimento do Estado. Esse programa mais sistemático traduzia um conjunto mais ou menos coerente de visões sobre o Brasil que enfatizavam o protagonismo da vida estatal sobre os interesses mercantis e a defesa de uma razão pública que encarnasse a vontade nacional. Nota-se, nesses escritos, a ressonância das ideias de Alberto Torres, pensador de notável influência na segunda metade da Primeira República (Forjaz, 1982). Em depoimento pessoal, Cordeiro de Farias ressaltou a importância das leituras de Euclides para a jovem oficialidade militar, que tomava *Os sertões* como um verdadeiro tratado sociológico sobre o Brasil profundo (Camargo e Góes, 2001).

No caso do comunismo, ao longo dos anos 1920, o incipiente PCB estava sob a influência das diretrizes traçadas no II Congresso da Internacional Comunista, realizado em 1920. Foi nesse congresso que se gestou a ideia de uma revolução nacional-libertadora para os países coloniais e "semicoloniais", como era o caso do Brasil. No dizer de Zimbarg (2001:4),

> a concepção de nacionalismo-revolucionário foi, provavelmente, o grande ponto programático de unidade entre o Partido Comunista e o tenentismo de esquerda. Graças a essa concepção, as reivindicações do Partido Comunista e do exército estiveram muito próximas, uma vez que o grande inimigo do tenentismo — as oligarquias regionais — era o mesmo, identificado como sendo a encarnação do "senhor feudal" pelo Partido Comunista. Dessa maneira, assimilou-se a luta dos "tenentes" contra o federalismo nos anos vinte e a luta do PCB contra o que eles chamavam de "resquícios feudais".

Em seu segundo congresso, realizado em 1926, o PCB iria sustentar essa linha, mesmo diante da mudança da estratégia proposta pela Internacional Comunista (IC). Jornais e periódicos ligados aos comunistas fariam um retrato positivo dos movimentos tenentistas, vistos como uma sublevação pequeno-burguesa contra os restos feudais e a grande burguesia agrária.

Ao mesmo tempo, uma plataforma de cunho genericamente socialista foi sendo constituída nas diversas instâncias em que os ex-tenentistas se agrupavam, entre os quais a Legião Revolucionária de São Paulo, o Clube 3 de Outubro, o PSB e os diversos partidos socialistas regionais. Em torno do ex-interventor João Alberto e do então interventor Waldomiro Castilho de Lima, organizou-se em 1933 o Partido Socialista de São Paulo. Essas experiências repetiam-se em diversas capitais, sob inspiração do I Congresso Nacional Revolucionário, realizado em 1932 no Rio de Janeiro. Conforme afirma Dainis Karepovs (2006), a tradução socialista da experiência tenentista era marcada por uma ideologia difusa, eivada de corporativismo, nacionalismo e pregação estatista, e sua disseminação na vida pública dependia basicamente do poder de líderes políticos e militares que emergiram no pós-1930. Entretanto, não é possível resumir a experiência tenentista a uma análise focada apenas nas ideias e nos discursos. Para entendê-la, bem como seu papel na construção de redes que conformaram a FBC, é necessário, mesmo que de forma breve, explicar o *habitus* tenente, gerado na própria dinâmica de atuação político-militar dos anos 1920. Para efeito de explicação, a Coluna Miguel Costa-Prestes é boa para pensar o tema.

A marcha da Coluna marcou uma geração de jovens militares, expostos ao interior do Brasil de uma forma não livresca. Como afirma o próprio João Alberto em suas memórias, a respeito da passagem da Coluna pelo estado de Goiás:

> Encantava-nos a rara oportunidade de ver tranquilamente o Brasil desconhecido e os restos de grandeza de um passado remoto. Toda aquela riquíssima região decaíra, depois de fustigada pela rapina dos colonizadores. Igrejas construídas de pedras e cadeias com fortes grades mostravam o que foram o Norte de Goiás e o vale do Tocantins, no século XVIII, por ocasião da febre do ouro [Lins de Barros, 1953:126-127].

Ou ainda: "Nada sabíamos do que se estava passando pelo resto do Brasil" (Lins de Barros, 1953:127). Contudo, mais interessante do que o cenário visto é o ato de percorrê-lo. Isto é, a Coluna ajudou a forjar um tipo de experiência social na qual a prática de percorrer o território brasileiro de forma expedicionária era tida como condição fundamental para entender e transformar o Brasil. Quando a FBC já estava em operação, João Alberto mencionaria essa espécie de saber viajante como um capital acumulado que lhe permitia realizar a vasta obra de interiorização da autoridade estatal.

A experiência do tenentismo entrecruza-se também com o sertanismo estatal, *éthos* comum a alguns dos mais conhecidos participantes da ERX, entre os quais os irmãos Villas Bôas e Francisco Brasileiro, além de aventureiros privados e jornalistas, como Willy Aureli, Hermano Ribeiro e Manoel Rodrigues Ferreira, todos responsáveis pela divulgação de relatos e imagens da região do Brasil Central que ajudariam na própria legitimação do trabalho da FBC.

Como argumenta Carlos Freire (2005), é difícil encontrar um único tipo de sertanista, sendo possível apontar diferentes modelos de atuação e de sensibilidade, destacando-se nomes como os irmãos Villas Bôas, Sydney Possuelo e Francisco Meirelles. No caso dos personagens que de alguma forma se ligaram à FBC, trata-se dos sertanistas que Freire qualifica como "urbanos". Ao contrário dos ditos "rurais", que vinham dos baixos escalões das expedições e eram dotados de pouca escolaridade, esses sertanistas urbanos tinham o segundo grau e curso superior incompleto. Esse perfil traduzia-se numa estrutura de sentimentos específica, animada por uma ética romântica de aventura que os levava a querer "descobrir o Brasil" de forma impetuosa. Revelava-se também na própria prática cotidiana de sertanistas, caracterizada por palestras professorais ao redor de fogueiras noturnas e relatos condescendentes do folclore sertanejo. Todas essas características podem ser facilmente vislumbradas no conhecido livro dos irmãos Villas Bôas (1994) sobre sua participação na Marcha para o Oeste.

A ideologia desse sertanismo nutria-se do legado bandeirantista, decantado na experiência dos primeiros sertanistas, em sua maioria de formação militar (Casas Mendoza, 2005). Justamente nos anos 1940 houve a republicação de boa parte dessa literatura de corte heroico, composta por monografias, relatos de expedição e memórias de homens que fizeram parte das iniciativas agrupadas sob o nome de Comissão Rondon — como se verá em capítulo adiante, essa literatura será fundamental para a própria construção do Brasil Central.

Tanto os sertanistas ditos "indigenistas", que trabalhavam ou no SPI ou na FBC, quanto os sertanistas "independentes", financiados por jornais, partilhavam o mesmo código aventureiro, estando impregnados por essa imagética que lhes era anterior. Na apresentação ao diário escrito pelos Villas Bôas sobre a Marcha para o Oeste, Darcy Ribeiro — um sertanista "antropológico", por assim dizer, mas também herdeiro singular da mitologia de Rondon — classifica os irmãos como "pequeno-burgueses paulistas, condenados a vidinhas burocráticas medíocres, saltaram delas para aventuras tão ousadas e generosas que seriam impensáveis, se eles não as tivessem vivido" (Ribeiro, 1994:11). Segundo Sérgio de Souza, que assina a introdução do livro, no ano de 1941, Orlando, então com 27 anos, era escriturário da Esso, Cláudio, de 25, entregava avisos da prefeitura, e Leonardo, o caçula com 23, era funcionário de uma empresa distribuidora de gás para geladeira. Os três partiram para Barra Goiana, estação de trabalho da ERX, disfarçados, engajando-se na expedição e ocultando suas credenciais escolares e de classe.

No caso dos sertanistas "independentes", as aspas se justificam: homens como Hermano Ribeiro e Willy Aureli estavam umbilicalmente ligados aos projetos de reorganização política das elites paulistas na segunda metade dos anos 1930. Esses projetos pautavam-se por um forte ativismo intelectual, fermentado em instituições como o Museu Paulista e o Instituto Histórico e Geográfico de São Paulo (IHGSP), que empreendiam trabalho de resgate histórico do bandeirantismo paulista. A chamada "Bandeira Anhanguera", organizada em 1937 e na qual Hermano teve papel de destaque, foi promovida pelo jornal *O Estado de S. Paulo* e teve papel importante na disseminação desse imaginário (Montecchi, 2001). Além do evidente teor político da empreitada, que traduzia a visão colonial nutrida por setores da elite paulista com relação ao resto do território nacional, é importante destacar a modelagem aventureira que marcava a atividade de homens como Hermano Ribeiro. Seus livros, publicados na forma de relatos de viagem, traziam capas que evocavam os perigos e as surpresas das "selvas".

Esse perfil era similar ao de Manoel Rodrigues Ferreira, professor de engenharia e dublê de jornalista, que escreveria em 1946 o livro *Nos sertões do lendário rio das Mortes*, no qual narrava suas aventuras nas pegadas da ERX e das atividades da FBC. Então professor da Mackenzie, Ferreira também fora financiado por um jornal — no caso, a *Gazeta* — para viajar à região central do Brasil e apresentar os "sertões" aos leitores civilizados. Embora não fosse membro oficial dessas empreitadas estatais, é inegável que seus escritos e sua própria trajetória são indissociáveis dessas práticas estatais de territorialização.

Outra rede teria papel importante também na FBC. Refiro-me aos médicos associados ao campo sanitarista, do qual Noel Nutels seria figura exemplar. Como afirma Luiz Antônio de Castro Santos (1985), a Coluna Prestes e as ideias reformistas dos anos 1920 seriam uma das principais forças a explicar a gênese desse grupo, ao lado do impacto produzido pela Missão Rockefeller, em 1917. Nísia Lima (1999), por sua vez, mostrou como o movimento sanitarista dos anos 1920 partilhava com outros agrupamentos intelectuais uma interpretação do Brasil centrada na dualidade entre litoral e sertão, esse último tido como espaço que ora encarnava a suposta essência nacional, ora indicava o abandono do povo pobre brasileiro. A contratação de Nutels em 1943 para participação na ERX não deve ser vista como anomalia, embora Santos argumente que o movimento de 1930 representou uma acomodação burocrática dos sanitaristas e de seus projetos, que teriam perdido sua dimensão mais radical e questionadora do *status quo* do exclusivo agrário no Brasil. Em suas atividades na FBC, Nutels iria justamente privilegiar o tratamento de caboclos e indígenas, formulando planos de assistência médico-sanitária para esse último grupo. Não obstante a singularidade da posição de Nutels, não se deve ignorar a afinidade eletiva entre essas diversas redes, todas interessadas em varar o Brasil Central numa ação mediada pelo Estado. Esses homens estavam enredados, portanto, num longo processo de territorialização das práticas estatais.

Como se vê, a gênese da FBC não deve ser buscada apenas nos decretos oficiais que a criaram. A extensão de suas atribuições explica-se, em parte, pelo próprio capital burocrático e político amealhado por João Alberto no interior da máquina estatal estado-novista. Por sua vez, o próprio João Alberto fazia parte de uma rede de ex-tenentistas que atravessava cortes ideológicos, sendo formado numa experiência social que combinava nacionalismo, crença na ação estatal reformadora e um sentido missionário de "descoberta do Brasil". Ao lado desses setores, os sertanistas e os sanitaristas surgiam como profissionais das expedições aos interiores, espécie de "burocratas de novo tipo" capazes de digerir o clássico imaginário sobre a região e produzir um saber empírico sobre as práticas estatais de controle e desbravamento de território.

O que se pode depreender desta breve análise das redes que envolveram as práticas estatais da FBC? Fundamentalmente, que as dinâmicas profissionais e afetivas que caracterizavam essas redes nos ajudam a entender as práticas apresentadas, em geral organizadas a partir de linguagens burocráticas que combinavam um olhar geopolítico sobre o território brasileiro a uma narrativa por vezes quase romântica sobre os agentes estatais e seus papéis.

Território ambíguo, mal delimitado no próprio decreto que criou a FBC, o Brasil Central surgia nas práticas estatais analisadas como uma geografia sem fim, espécie de vazio indefinido destinado a ser racionalizado por esses agentes. "Desbravar" e "colonizar" se tornariam categorias rotineiras nas cartas, nos ofícios e nos relatórios relativos à ação da FBC. Para além da simples ideologia oficial, essas formas de narrar a ação estatal se imiscuiriam no cotidiano burocrático e na forma como esses agentes entendiam o que faziam.

Mas de onde vinham essas ferramentas intelectuais? Quais as características e a origem desses discursos sobre o Brasil Central que seriam acionados pelas redes sociais atuantes na FBC? Em geral, a literatura limita-se a analisar o trabalho ideológico do Estado Novo, destacando a mitologia bandeirantista e o lugar da obra de Cassiano Ricardo nesse esforço, ou aponta conexões entre grandes obras do pensamento brasileiro que forneceram modelos consagrados para pensar o espaço nacional, como aquelas escritas por Euclides da Cunha e Alberto Torres. Trata-se, portanto, de analisar minuciosamente o vasto repertório de imagens espaciais sobre a região, atentando não apenas para seu conteúdo, mas para a própria forma de narrar esse território. A isso me dedico no próximo capítulo.

# 3

# O repertório cultural do Brasil Central

A melhor forma de entender todas as nuances dos discursos produzidos pela FBC sobre a região é analisar com mais profundidade os registros textuais que consagraram as imagens espaciais relacionadas ao Oeste e ao Brasil Central. É necessário, portanto, desvendar o vasto repertório cultural que permitiu que a FBC não apenas existisse, mas agisse da forma como agiu.

Um repertório implica um conjunto delimitado de temas, modos de narrar, estilos de argumentação e ideias-forças. Como se sabe, o adjetivo "cultural" abre espaço para numerosas definições, já que o conceito de cultura é polissêmico. Valho-me aqui da caracterização da socióloga norte-americana Ann Swidler (2003), que define cultura como uma "caixa de ferramentas" — no original, *a tool kit* —, ou seja, um conjunto de recursos simbólicos operados pelos atores sociais em suas interações de forma mais ou menos reflexiva.

Ao empregar a análise de Swidler, interessa-me enfatizar a variedade dos registros que podem ser enquadrados como fontes constitutivas do pensamento social brasileiro. Não penso apenas nas grandes obras ou nos ensaios de interpretação do Brasil, em geral disponíveis em coleções ou edições de prestígio editorial, mas também em romances, obras menores, ensaios geográficos etc. Esse movimento é fundamental para os objetivos deste livro, pois, em geral, os analistas concentram-se nos discursos mais consagrados sobre a Marcha para o Oeste, como aquele produzido por Cassiano Ricardo em sua obra clássica de 1940.

Esse aspecto, aliás, está longe de ser original. Em seus estudos renovadores do campo da história intelectual, Quentin Skinner (1969, 1978) e John Pocock (2003) sugeriram que os intérpretes contemporâneos da tradição clássica não se limitassem à equação "grandes homens-grandes obras", mas desviassem o olhar para outros registros textuais que comporiam determinado universo linguístico. Não se trata de analisar apenas como grandes obras "influenciaram" ou "legitimaram ideologicamente" a ação estatal, mas de desvendar as diferentes linguagens disponíveis sobre o espaço que seria objeto da autoridade estatal. Segundo Skinner e Pocock, o historiador contemporâneo deveria reconstruir da maneira mais precisa possível os contextos linguísticos nos quais essas grandes obras surgiram. Para tanto, seria fundamental analisar as obras ditas menores, produzidas por autores não consagrados pela memória atual.

São conhecidas as críticas ao método do contextualismo linguístico (Tully, 1988), e o recurso que faço a esses autores não implica uma concordância total com suas estratégias analíticas. Skinner, por exemplo, estava preocupado em entender os textos como resultados de performances intencionais dos autores. No caso deste livro, interessa-me, sobretudo, entender como textos escritos com propósitos diversos terminaram por compor um vasto repertório cultural que foi transmitido historicamente e contribuiu para criar o próprio objeto de atuação da FBC — o Brasil Central. Essa visão sobre os efeitos dos textos aproxima-se da abordagem foucaultiana da análise de discursos (Foucault, 1972), que sustenta a dimensão performativa dos discursos e seu poder de criação disciplinar do mundo social.

Entretanto, a visão de Foucault sobre as formações discursivas extrapola em muito a construção do objeto deste livro, por trabalhar com as relações entre diversos registros que escapam aos textos literários ou científicos. Isto é, o interesse de Foucault não está na crítica e na interpretação do sentido de textos da história intelectual, mas no desvendamento das redes e relações entre práticas de discurso disponíveis em outras agências que não o mundo dos intelectuais. No meu caso, o propósito é bem mais modesto, já que não estou em busca de uma *episteme* do Brasil Central, mas de um repertório erudito disseminado em textos e livros. De qualquer modo, a sugestão de Foucault a respeito da dinâmica produtiva dos discursos está incorporada ao longo de todo este livro.

É claro que há certa dose de anacronismo na seleção do material. Como o Brasil não conheceu desde sempre uma divisão territorial oficial entre as regiões, "Brasil Central" permaneceu como uma categoria algo frouxa. Há autores que escrevem principalmente sobre o rio Araguaia, delimitando o espaço de sua análise aos efeitos exercidos por esse rio sobre o espaço. Entretanto, já no período republicano, registros clássicos passam a ser vistos como parte de um saber sobre o Brasil Central, e a própria criação da FBC consolida esse movimento de atualização histórica, visível de forma clara já nos anos 1930, com a coleção Brasiliana. Seria impossível entender a formação do repertório de que falo neste capítulo sem adotar uma abordagem hermenêutica, que vê nos textos significados que vão sendo adensados ao longo de sua transmissão histórica. Os burocratas e exploradores que liam o relato de viagem de Couto de Magalhães na década de 1930 se aproximavam do texto como um discurso sobre o Brasil Central, atribuindo ao relato, portanto, um lugar novo. A interpretação mais conhecida sobre o papel ativo da recepção na produção de sentidos foi fornecida por Hans Jauss (1970) em conhecido texto programático sobre o tema. Mais uma vez, esse procedimento hermenêutico desafia os mandamentos historicistas de Quentin Skinner, mas não há como fugir dele se a ideia é esquadrinhar o repertório cultural efetivamente relacionado à ideia de Brasil Central no período anterior aos anos 1940.

Feitos os devidos esclarecimentos teóricos sobre o estatuto desse repertório, é necessário descer então aos meandros mais propriamente metodológicos e perguntar: como, então, classificar e selecionar esse vasto material?

Classifiquei-o em quatro grandes conjuntos: (a) os relatos de viagem escritos por exploradores, governadores provinciais ou aventureiros, que buscavam retratar os perigos e as potencialidades do Brasil Central; (b) os relatórios produzidos no âmbito de explorações científicas ou de expedições estatais republicanas, que visavam produzir um saber autorizado sobre a região; (c) os ensaios e estudos de cunho geográfico e geopolítico, em geral escritos pelos precursores do saber geográfico no Brasil; (d) os romances que têm a região como cenário ou mesmo personagem.

A classificação tem seus critérios. Ao leitor que se incomodar com a diferenciação entre os grupos "a" e "b", argumento que um livro como *Viagem ao Araguaya* (Couto de Magalhães, 1957), clássico relato publicado em 1863, tem características e propriedades distintas dos célebres relatórios produzidos pela Comissão Rondon. E embora Couto de Magalhães fosse um representante do poder estatal, seu registro expressa também a linguagem da aventura e do romantismo, que marcaria publicações posteriores, como o relato de Willy Aureli sobre a serra do Roncador. É claro que estamos falando de registros de viagem em ambos os casos, mas cada um desses tipos conserva certas propriedades dominantes que me permitem realçar as características particulares de cada linguagem do Brasil Central.

É fato que temos registros híbridos. Um livro como *Na Rondônia Ocidental*, publicado por Frederico Rondon em 1938, é tanto um relatório de tipo "b" quanto um escrito de viagem do tipo "a". Mas, ao incluí-lo na segunda categoria, enfatizo a explícita continuidade desse texto com os relatórios produzidos pelo tio do autor, no âmbito das expedições rondonianas.

Meu objetivo com essa classificação é analisar mais detidamente esses textos, visando à decodificação de seus universos linguísticos e ao desvendamento de suas principais imagens espaciais. Ao final deste capítulo, apresento três características desse vasto e descentrado trabalho simbólico: (a) a indefinição sobre os limites territoriais do Brasil Central e a definição desse espaço como sendo marcado pela instabilidade, pelo nomadismo de suas gentes (índios, caboclos e sertanejos) e pela vida social amorfa; (b) a construção de um olhar geopolítico e colonial; (c) a persistência de uma narrativa romântica e aventureira nos escritos dos homens que descreviam a região.

Em termos temporais, concentro-me em textos publicados ao longo da Primeira República até o início da década de 1940, incluindo livros cuja edição original fosse bem mais antiga. O objetivo é dissecar um repertório cultural associado ao Brasil Central e ao Oeste que estivesse em circulação no período imediatamente anterior à criação da FBC. Assim, a reedição de relatos de viagem do século XIX no âmbito de coleções como a Brasiliana, por exemplo, contribuiu para legitimar e consolidar modos de narrar e descrever o espaço brasileiro ao longo do período em foco. Além disso, não são poucos os escritos originalmente editados nas décadas de 1920 e 1930 que incorporavam esses textos clássicos, compartilhando com eles inclusive certas estratégias descritas e narrativas.

O método de análise será o seguinte: após apresentar uma breve história social de cada tipo de registro, evidenciando, na medida do possível, autores maiores, menores e cronologia de edições, seleciono textos exemplares que me permitam um mergulho mais denso no pensamento social. Adotei os seguintes critérios para escolher as obras que mereceram esse olhar mais detido: (a) a posição de seus produtores em cada universo, como evidência da força comunicativa daquela obra no âmbito do pensamento social brasileiro; (b) a densidade do texto, ou seja, o quanto ele me permite extrair imagens, categorias e modos de narrar *típicos* das linguagens do Brasil Central; (c) a citação da obra em relatórios produzidos pela FBC ou por órgãos e expedições a ela associados, como evidência da posição e da legitimidade desses textos no discurso burocrático.

## Os relatos de viagem: aventura, romantismo e olhar colonial

Se pudéssemos traçar um marco fundamental para a emergência dos modernos relatos de viagem ao Brasil Central, certamente o livro *Viagem ao Araguaya*, escrito por José Vieira Couto de Magalhães (1837-98), então jovem governador da província de Goiás, estaria entre os principais candidatos ao posto. Essa obra, originalmente publicada em 1863, consolidou não apenas um conjunto de imagens associadas a esse espaço, mas também uma forma de narrá-lo, que combinava romantismo e olhar econômico.

Não era necessariamente uma obra pioneira, já que os relatos de viagem eram um tipo comum de literatura na segunda metade do século XIX. Como argumentam David Knight (2001) e Lorelai Kuri (2001), desde 1808 já havia um forte trânsito no Brasil de viajantes estrangeiros movidos por interesses científicos, que produziam descrições humboldtianas sobre a flora, a fauna e a terra brasileiras. No caso dos viajantes nacionais, boa parte dessa escrita foi produzida no âmbito de instituições imperiais que congregavam letras, ciências e poder político, como o Instituto Histórico e Geográfico Brasileiro (IHGB), fundado em outubro de 1838. O IHGB articulava membros da elite político-intelectual interessados em construir uma historiografia nacional seguindo os cânones imperiais europeus, o que demandava a constituição de um corpo variado de saberes sobre a história e a geografia brasileiras. Há uma vasta literatura sobre esse tema, mas aqui me limito a apontar a multiplicidade de registros produzidos então, muitos feitos sob uma lógica ainda "colonial" (Ferreira, 2006), e a importância desses textos para a constituição de uma historiografia nacional (Guimarães, 1988).

Parte desse conjunto de escritos era produzida do ponto de vista de elites em trânsito, que mesclavam os esquemas estéticos e cognitivos aprendidos em sua socialização intelectual romântica com a visão de administradores do Império. Isso produzia uma narrativa sobre os espaços do Brasil Central que destacava tanto a imensidão sublime desses lugares quanto o potencial produtivo a ser dinamizado pelos agentes modernizadores do período. Vejamos como isso funcionava por meio de uma breve leitura de *Viagem ao Araguaya*.

O texto de Couto de Magalhães originou-se de sua experiência como jovem governador da província de Goiás, cargo assumido em 1862. A trajetória do autor foi exemplo típico do percurso das elites do Segundo Reinado: nascido em Diamantina em 1837, cedo Couto de Magalhães conseguiu entrar para o IHGB, notabilizando-se pela produção de monografias históricas. Além disso, escreveu também de forma pioneira sobre a questão indígena. Sua obra *O selvagem*, publicada em 1876, coletava dados sobre línguas e costumes indígenas, conformando uma protoetnografia de grande prestígio na época.

O livro é escrito na forma de um relato de viagem, no qual o autor descreve as peripécias de sua jornada em direção à província de Goiás, destacando-se a subida do rio Araguaia, evento que rende várias passagens repletas de drama e aventura. A dicção empregada no texto combina a sensibilidade romântica característica dos estudantes da Faculdade de Direito de São Paulo — instituição na qual o autor estudou — com um olhar econômico sobre o espaço, visto como um objeto passível de exploração racional.

Couto de Magalhães tinha duas motivações principais ao escrever o livro: incentivar o desenvolvimento do transporte fluvial na região e defender a mudança de capital da província para a cidade de Leopoldina. Ao sustentar esse segundo ponto, o autor articula argumento tipicamente liberal, enfatizando como a apatia moral da província, traduzida pelo aspecto letárgico da então cidade de Goiás, poderia ser revertida com o estímulo à emergência de novos interesses econômicos por conta da nova localização do centro provincial.

Em boa parte das passagens, o autor combina motivos comuns ao romantismo, como a saudade e a melancolia diante dos grandes espaços, com observações críticas sobre os problemas acarretados pelo fraco desenvolvimento da região. Isso faz com que o espaço ora seja visto como cenário para a projeção da expressão subjetiva de Couto de Magalhães, ora como lugar a ser racionalizado economicamente. Como exemplo, vemos a passagem a seguir, na qual o autor discorre sobre a paisagem da serra do Acaba-Saco, situada próxima à cidade de Santa Rita:

> A serra do Acaba-saco vai sucessivamente abaixando-se, até que de todo se confunde com as planícies. Parei extasiado nesse lugar e, enquanto a vista me representava essas planícies sem fim, sucedendo-se umas às outras, como as ondas do oceano, até que de todo se iam perder nos espaços azulados do céu, meu espírito sentia-se abatido por uma espécie de saudade, que eu não sabia dizer de que, e a imaginação me representava completamente desertas essas férteis e infi-

nitas campinas. [...] Quando chegará, meu Deus, disse eu a mim mesmo, quando chegará o dia em que se verão espalhar florescentes cidades nas margens destes rios! [Couto de Magalhães, 1957:74].

Como se percebe, romantismo e olhar racionalizador se articulam para representar um espaço que é tanto lugar para expressão de sentimentos quanto cenário possível para a dinamização mercantil do país. Ou seja, esse é um tipo de olhar razoavelmente distante da narrativa romântica europeia, na qual a natureza é situada de forma oposta aos elementos da modernização capitalista e vista como uma reserva de energia utópica.

De modo geral, a obra de Couto de Magalhães contribuiu para configurar um modo de falar sobre a região central do país que combinava diversas matrizes. Ao mesmo tempo que lamenta a improdutividade e a decadência desse espaço, exalta sua qualidade encantatória e a promessa de futuro nele contida. O livro também ajudou a ressaltar o tema fluvial ao exaltar a importância do Araguaia como via de transporte. A partir de então, pensar, falar e agir sobre a região demandaria mobilizar o rio como objeto por excelência de qualquer descrição ou avaliação do território. Finalmente, destaque-se a linguagem da aventura, que marcaria decididamente todos os relatos de viagem posteriores à região (Maia, 2008b), disseminando-se, inclusive, por textos burocráticos ou militares, nos quais não se esperaria encontrar tais artifícios.

Em seu próprio tempo, *Viagem ao Araguaya* não pontificava sozinho. Podem-se citar outras obras, como *Apontamento de viagem*, escrito por Joaquim Almeida Leite Moraes (1834-95), também um personagem que circulava entre os diversos postos de comando abertos à elite imperial. Ambos foram governadores de província (Couto ocuparia o comando das províncias de

Goiás, Pará e Mato Grosso ao longo da década de 1860; Leite Moraes seria governador de Goiás 20 anos depois, em 1880 e 1881), cargo em geral sujeito a alto nível de rotatividade, como parte da socialização burocrática empreendida pelas elites do Segundo Reinado (Carvalho, 2003). Enquanto Couto de Magalhães converteu-se numa espécie de empreendedor ianque, obcecado com a ideia de dinamizar o transporte fluvial no rio Araguaia, Leite Moraes notabilizou-se por sua carreira de deputado. Ambos partilhavam também a sensibilidade romântica típica do período, lustrada nos ambientes estudantis e boêmios do Largo de São Francisco (Cândido, 1964).

Nas primeiras décadas do século XX, os relatos de viagem sobre o Brasil Central ainda eram populares. Um exemplar típico é *De Belém a São João de Araguaia*, publicado em 1910 por Ignacio Batista de Moura. Engenheiro com formação politécnica, Moura ocuparia cargos de prestígio na política paraense (foi deputado na legislatura estadual), além de encabeçar importantes projetos de infraestrutura ferroviária. Assim como os escritos anteriores, seu relato também combina descrições românticas da paisagem que cercava o rio Tocantins com comentários típicos de um agente modernizador, que via os caminhos fluviais como eixo de desenvolvimento e reiterava a necessidade de articular progresso e higiene moral. Note-se que a dicção romântica consagrada por Couto de Magalhães também surge nesses relatos produzidos já no período republicano. Moura é um narrador "fluvial", que descreve suas peripécias a bordo de uma embarcação que percorre o Tocantins. A condição de navegador é fundamental para boa parte desses relatos e para o ponto de vista que os fundamenta.

Passagens como "Quando nós acordamos na madrugada do 5, a aragem do rio tinha a frescura doce das manhãs tropicais" (Moura, 1910:18) permeiam toda a obra, ao lado de observações sobre as consequências positivas da construção de ferrovias na região:

Um dos mais sérios e urgentes interesses que devem preocupar a exploração de uma via férrea é a colonização de sua zona, e esta se faz com maior condensação de povoamento, conforme às condições de higiene e salubridade do solo, da conservação e do aproveitamento da vida, dos maiores ou dos menores lucros físicos e sociais. As margens do Tocantins são verdadeiros desertos [Moura, 1910:127].

O tema das ruínas produzidas pelas sucessivas marchas do Estado por distantes paragens também é recorrente na obra de Moura. Suas descrições sobre vilas e povoados invariavelmente articulam a lembrança de antigas famílias políticas que controlavam a vida da região à visão dos vestígios deixados pela decadência econômica desses espaços: *"Pacajá* é hoje um lugar muito decadente: poucos habitantes ali representam as grandes e velhas famílias de outrora" (Moura, 1910:46).

Finalmente, o livro de Moura é exemplar pelo tipo de olhar lançado sobre as populações locais, em especial os caboclos e os ribeirinhos. Em geral, esses personagens são tidos como indolentes e ignorantes, pouco dispostos ao trabalho civilizado. Não é de espantar, portanto, que o autor defenda a imigração estrangeira como forma de desbastar a mata e produzir campos de cultivo que disseminassem o progresso pela região. Afinal, "por toda parte se veem terras sem braços, riqueza sem exploração, que é o mesmo que a opulência ocultada pela miséria" (Moura, 1910:163). Percebe-se, portanto, a rotinização do olhar romântico-empreendedor consagrado por Couto de Magalhães, além da persistência de uma visão colonial sobre os espaços do Brasil Central. Esses lugares são descritos nesses textos de homens do Estado brasileiro como sítios propícios para um futuro de desenvolvimento econômico, áreas que deveriam ser incorporadas ao projeto civilizador nacional.

Os anos 1930 são marcados pela clássica coleção Brasiliana, gigantesco projeto editorial conduzido pela Companhia Editora

Nacional, sob coordenação de Fernando de Azevedo (Pontes, 2001; Dutra, 2006). No âmbito dessa coleção, inúmeros relatos de viagem são republicados, configurando uma espécie de *boom* literário, em especial entre os anos 1936 e 1939, quando são reeditadas obras como: *Viagem à província de Santa Catarina* (1936), *Viagem ao interior do Brasil: Espírito Santo* (1936), os dois volumes de *Viagem às nascentes do rio São Francisco e pela província de Goiás* (1937), *Viagens pelas províncias de Rio de Janeiro e Minas* (1938) e *Viagem ao Rio Grande do Sul* (1938), todos de Auguste de Saint-Hilaire. Além desses, surge a terceira edição de *Através da Bahia*, de Von Spix, e a primeira tradução de *Viagem pelo Amazonas e rio Negro* (1939), de Alfred Russel Wallace. O próprio *Viagem ao Araguaya*, que teria uma mal cuidada segunda edição em 1889, seria incorporado à coleção e reeditado em 1934, ganhando estatuto de clássico. Diversos relatórios da FBC fariam menção ao autor e à obra, que também apareceria no texto de viajantes posteriores à região.

Note-se, entretanto, que entre 1931 e 1955 (período que compreende 300 volumes) há poucos livros traduzidos na coleção que contenham as expressões "Brasil Central" ou "Oeste" no título. De fato, apenas *O Brasil Central: expedição em 1884 pelo rio Xingu* ([1894] 1942), do explorador alemão Karl Von Steinen, expõe o nome da região em sua capa principal. Ainda assim, existem alguns dedicados a essas vastas regiões de contorno indefinido, como os dois volumes de *Viagem às nascentes do Rio São Francisco e pela província de Goiás*, de Saint-Hilaire, *A conquista do Brasil*, de Roy Nash (1939), *Geologia e geografia física do Brasil*, de Charles Frederick Hartt (1941), e *Através do sertão do Brasil* (1943), de Theodore Roosevelt. O título mais aproximado seria *Expedição às regiões centrais da América do Sul*, dois volumes de Francis de Castelnau publicados em 1949. Na verdade, esses relatos de viagem do século XIX seriam relidos como documentos sobre o Brasil Central, como a própria documentação da FBC evidenciará, ao citar alguns deles como argumentos de autoridade sobre a região. Faz sentido incorporá-los como parte do repertório cultural, e creio que uma breve análise de um exemplar desse restrito conjunto pode ilustrar mais adequadamente os tipos de narração de viagem ao Brasil Central. Para tanto, selecionei o livro de Wallace sobre o Amazonas e o rio Negro, um dos citados nos relatórios militares dos anos 1940.

Wallace chegou ao Brasil em maio de 1848, na companhia do entomologista Henry Bates (1825-92). Realizaram explorações ao redor de Belém, partindo depois pelo rio Tocantins, separando-se em 1849 e encontrando-se novamente nos primeiros meses de 1850. O relato foi publicado em língua inglesa em 1853, compartilhando com outros textos do período características já apontadas por Foot Hardman e Lorelai Kuri (2004). Segundo esses estudiosos, relatos como os de Wallace combinavam narrativas globais sobre as sociedades observadas, mesclando observações sobre flora, fauna, costumes locais e economia, com digressões monográficas sobre temas escolhidos. O relato *Viagem pelo Amazonas e pelo rio Negro* se constrói como um diário de viagem, contando de forma cronológica as expedições fluviais do grupo, motivadas pelo interesse científico de observar, coletar e caçar novos espécimes. Ao mesmo tempo, é permeado por observações sobre a vida social e econômica da região Norte, em especial das cidades de Belém e Santarém. Essas passagens traduzem o olhar liberal típico de um ilustrado cientista inglês do período vitoriano (não fugiria a esse modelo o *whig* Charles Darwin). Descrevendo a localidade de Uanuacá, onde visita o sítio de um morador local, Wallace comenta:

> Ali chegando, o nosso olhar, há longo tempo fatigado com a eterna floresta, sente como que um agradabilíssimo alívio. Quando eu considero a soma excessivamente pequena de trabalho, que é necessário nesta região, para converter a floresta

virgem em verdejantes pradarias ou em férteis plantações, quase sempre chego a desejar vir para cá com meia dúzia de amigos dispostos para o trabalho, a fim de usufruir a região [Wallace, 1939:428].

Suas impressões sobre o espaço e a natureza da região contrastam as possibilidades agrícolas disponíveis com a ausência de trabalho organizado da terra. Suas explicações para o fato residem tanto nas variáveis climáticas e geográficas, que permitiram aos homens viver num gozo livre e despreocupado, quanto em razões de ordem econômica e histórica. Assim, atribui aos portugueses e seus descendentes um gosto obstinado pelo comércio em detrimento das artes industriais, o que impediria a formação de empreendimentos produtivos. Ao mesmo tempo, aponta os efeitos deletérios da escravidão sobre o trabalho no mundo subalterno, sempre destacando a ausência de virtudes laboriosas na população.

Como se percebe, essa visão aproxima-se bastante daquela encontrada nos escritos de governadores viajantes, como exemplifica Couto de Magalhães. Em ambos os casos, estamos diante de relatos que classificam os vastos espaços interiores do país — matéria-prima do que viria a ser o indefinido Brasil Central — a partir de um olhar interessado em esquadrinhar economicamente o território e integrá-lo a um circuito produtivo.

Fora da coleção Brasiliana, outros escritos surgiram, agora produzidos sob a égide da recuperação paulista do bandeirantismo. Refiro-me a livros como *Roncador*, de Willy Aureli (1962), cuja primeira edição é de 1939, *Garimpos de Mato Grosso* (publicado em 1936) e *Nos sertões do Araguaia: narrativas sobre a expedição às glebas bárbaras do Brasil Central* (1949), cuja primeira edição é de 1935, ambos escritos por Hermano Ribeiro da Silva. Todos esses livros são narrativas de expedições organizadas por dublês de jornalistas e exploradores, que organizam caravanas de jovens aventureiros paulistas em direção ao chamado Brasil Central.

Essas obras são publicadas depois do surto de renascimento bandeirantista que marcou a vida intelectual brasileira e paulista, em especial a partir da década de 1920, quando o então governador Washington Luís aproveitou as comemorações do centenário da Independência e editou em formato impresso algumas fontes clássicas da história colonial da região (Ferretti, 2008). Esse *boom* da literatura bandeirantista correspondeu ao rearranjo das elites perrepistas, agora associadas a um conjunto específico de escritores e intelectuais, como Alfredo Ellis, Paulo Prado e Affonso Taunay. São Paulo surgia nessas releituras como epicentro do ianquismo nativo, espaço onde municipalismo, liberdades locais e pioneirismo teriam se ajustado de forma virtuosa. Instituições como o Museu Paulista e o IHGSP eram os centros propagadores dessa visão que atualizava a mitologia bandeirante para o século XX e convertia o território do Brasil Central em lugar por excelência para a expansão do capitalismo agrário paulista, berço das primeiras iniciativas do espírito ianque brasileiro.

É com base nesse contexto que se devem ler os relatos de viagem de Ribeiro da Silva e Aureli. A despeito dessa singularidade, esses textos ainda preservam características típicas dos clássicos relatos analisados nesta seção, provando que a linguagem da aventura ajustava-se sem muitos problemas ao olhar colonial que produzia as diferenças regionais e raciais.

Ribeiro da Silva era um jornalista e escritor que havia percorrido o leste de Mato Grosso na década de 1920 e que em 1932 havia organizado expedição ao Médio Araguaia, em companhia de Francisco Brasileiro (outro paulista que se notabilizaria como sertanista), Cássio de Campos e Oscar de Campos Viana (Montecchi, 2001). As aventuras e os escritos decorrentes confeririam ao autor grande projeção, e em 1937 ele seria nomeado chefe

## Estado, território e imaginação espacial

da Bandeira Anhanguera, composta, entre outros, por Affonso Taunay. A obra *Nos sertões do Araguaia*, publicada originalmente em 1935, narra a expedição de 1932. Já na seção "Ao leitor", que abre o livro, Ribeiro da Silva expõe claramente seu lugar de discurso sobre o Brasil Central:

Este livro não resulta das meditações de um técnico. Abandonando a minha profissão no jornalismo, a fim de peregrinar pelas distâncias esquecidas, foi com olhos de repórter que vi o desenrolar dos estranhos filmes do sertão. Por quatro ocasiões sucessivas voltei às longas terras, povoando as mesmas adversidades e as mesmas tragédias que cercam o primitivismo dos seus habitantes [Ribeiro da Silva, 1949:11].

O autor se classifica como um viajante, misto de jornalista e aventureiro, que não é "um técnico". Além disso, a referência ao primitivismo dos habitantes do Brasil Central será um tópico recorrente ao longo do texto, evidenciando outra característica da linguagem analisada nesta seção: a relação entre a escrita da viagem e o olhar sobre os subalternos, personagens passivos à espera de uma redenção civilizatória.

Ribeiro da Silva também se inscreve num panteão de outros viajantes-exploradores, como Couto de Magalhães e Henri Coudreau, ambos notórios desbravadores dessa "região lendária, repleta de mistérios" (Ribeiro da Silva, 1949:21). Acompanham o autor na expedição outros jovens aventureiros, como Francisco Brasileiro, Cássio de Campos e Oscar de Campos Viana, "todos paulistas" (Ribeiro da Silva, 1949:21). Entre os objetivos da viagem estão a caça, a pesca, a exploração de minérios, a cavalgada e o conhecimento de índios e sertanejos. Nota-se, portanto, a existência de uma sensibilidade que combina o hedonismo típico de jovens membros da elite educada paulista com um olhar pseudoetnográfico, que mistura enciclopedismo científico (o livro terá longas seções sobre flora e fauna) e coleta de fatos e anedotas da vida sertaneja, num conjunto em que pontifica a hierarquia das identidades regionais.

Será constante ao longo do texto o jogo colonial que marca a relação entre os paulistas em busca de aventura e notoriedade e os caboclos do Brasil Central. Já no capítulo que narra a viagem até Goiás — "De São Paulo até Goiás" — são abundantes as referências pejorativas ao "museu antropológico" que os aguarda. Vejam-se as seguintes passagens: "Com a noite entrada as janelas fecham-se, então nascem as ondas de cheiros desagradáveis, na exalação dos suores de heroicos colonos inimigos da água" (Ribeiro da Silva, 1949:24); "[...] filosofamos que a vida não é tão ruim para os que nasceram desprotegidos da fortuna. Tudo habitua neste planeta, e aqui ao próprio lado um casal e a prole miúda de caboclos nem dão pela existência melhorada da primeira classe" (Ribeiro da Silva, 1949:25). "No mais, temos a impressão de que nunca pensaram" (Ribeiro da Silva, 1949:25).

As descrições das paisagens seguem o modelo de Couto de Magalhães: ao espanto diante do majestoso cenário, que induz à melancolia e ao sublime, soma-se a percepção das ruínas e da decadência do mundo material ali constituído. Assim, Ribeiro da Silva escreve:

> Sente-se em tudo a vaga melancolia da desolação e da decadência. Em meio do mato, que se intromete pelas vias esburacadas, aparecem as ruínas da época florescente, quando se fazia o abastecimento da capital goiana pela navegação com o Pará, sendo aqui o entreposto comercial. Isto acontecia nos tempos do general Couto de Magalhães, de cujos ideais de racionalização agora apenas se guarda a lembrança dos cascos carcomidos dos seus vapores, que jazem abandonados e enterrados no porto [Ribeiro da Silva, 1949:44].

A chamada Revolução de 1932 explode quando os jovens estão no meio da aventura. O relato expõe a revolta dos exploradores com a indiferença da população local diante dos fatos e aguça o senso de orgulho regional. Isso se traduz numa contínua depreciação dos personagens da região, tidos como indolentes, ignorantes e ineptos para o difícil trabalho de domar a natureza e os espaços do Brasil Central. Assim, ao descrever Conceição do Araguaia, no capítulo 18 da obra, Ribeiro da Silva (1949:176-177) afirma: "Repete-se o desleixo dos sertanejos pelas ricas promessas da terra. Raramente plantam verduras, e as frutas, apesar da região produzi-las em quantidade e esplêndidas, somente as consigo com determinado empenho".

Curiosamente, ao longo da viagem os jovens são expostos a outro olhar colonial, desta vez mobilizado por viajantes estrangeiros, cujas teorias raciais e preconceitos sobre os brasileiros incomodam profundamente o autor. Enquanto exploram os rios da região, encontram com um grupo de ingleses que se dedica a procurar os rastros do lendário coronel Fawcett. Ao descrever o comportamento dos ingleses, o autor acusa o golpe e escreve:

> Enquanto os sertanejos remadores das vogas se esfalfam na cadência das puxadas enérgicas, lá dentro, sob as tolds, refestelados por cima das cargas, mamando cachimbadas de fumos aromáticos, ou atirando muita vez em pobres pássaros inaproveitáveis — os jovens ingleses continuam o roteiro aprazível e acomodado [Ribeiro da Silva, 1949:96].

No capítulo 18, sobre Conceição do Araguaia, Ribeiro da Silva menciona encontro com um americano, Howard Rinehart, que lhe expõe teorias racistas sobre os negros, mulatos e demais habitantes do Brasil Central. "Como bom americano, despreza os negros, mulatos e índios, e assim atribui toda a falta de iniciativa, toda a inércia dos habitantes do norte, ao fator racial da mestiçagem" (Ribeiro da Silva, 1949:186).

Após todo esse tempo de aventuras e expedições, qual é o saldo de conquistas e desbravamentos anotados por Ribeiro? Não muito. Sua descrição da região e da ilha do Bananal não corrobora os relatos espetaculares e lendários sobre tesouros perdidos. A parte final do texto evidencia o cansaço do autor com a região, além do esgotamento do ímpeto de aventura que o marca:

Chuvas e mais chuvas. O firmamento sempre toldado por infinita cortina escura. Umidade doentia. Moléstias. Pragas. Inverno da vertente amazônica. Quando chegamos aqui, em junho, o céu azul era radioso de luz, a natureza murmurava o grande poema da paz e da serenidade. Hoje há o contraste atormentado, alguma coisa de terrível punição aos que vêm romper a beatitude das verdes distâncias. Vinga-se o reino bruto da audácia dos conquistadores [Ribeiro da Silva, 1949:260].

O retorno a São Paulo é saudado como a volta à civilização, ao "berço da raça dos bandeirantes" (Ribeiro da Silva, 1949:262). Como conjunto, esse relato extremamente desigual — misto de diário de exploração e enciclopédia histórico-científica do lugar — expõe com clareza até onde a linguagem da aventura pode ir. O Brasil Central que surge das páginas de Ribeiro da Silva é uma mistura de ruínas e natureza exuberante, sítio destinado a ser desbravado por intrépidos exploradores. Os objetos e personagens desse relato são regulados por um discurso colonial, que transforma a viagem numa expedição metropolitana ao coração de uma região tida como periférica e racialmente inferior (Weinstein, 2007).

Já Willy Aureli era um jornalista paulista, que resolveu organizar em 1936 a Bandeira Piratininga com o objetivo de investigar a lendária e obscura serra do Roncador, cuja existência havia sido posta em dúvida por expedições anteriores. Essa expedição daria origem ao seu livro *Roncador*. O pano de fundo dessas expedições era a busca pelos restos do coronel Percy Fawcett, desaparecido quando buscava encontrar o que supunha ser uma antiga civilização perdida. Aureli afirma em sua obra:

> Era meu escopo único topar com os índios Xavantes, estudar-lhes, dentro das possibilidades, índoles e costumes, verificar a existência da Serra do Roncador, vasculhar um território eternamente discutido e desconhecido e trazer à coletividade a reportagem que prometera ao partir [Aureli, 1962:16].

O livro descreve principalmente a segunda Bandeira, que partiu dia 23 de junho, com apoio do Ministério da Viação e patrocínio do jornal *O Globo*. Como se percebe, esse relato relaciona-se com os projetos que depois seriam traduzidos no programa Marcha para o Oeste.

A narrativa de Aureli evidencia traços clássicos de relatos de viagens anteriores, como o espanto diante da grandiosidade dos espaços do Brasil Central e da imponência de seus rios. Algumas frases utilizadas para descrever o encontro com o rio das Mortes são exemplares dessa perspectiva: "Jamais a mente humana poderá fazer ideia real da majestade deste curso d'água cristalina e pura. Pintor algum sonhou fixar na tela paisagens tão maravilhosas!" (Aureli, 1962:88). Ou ainda: "A Natureza prodigaliza indistintamente as nuanças das cores, a pujança da selva, a fereza da fauna, a insídia dos selvagens" (Aureli, 1962:89); e mais: "As lagoas surgem com reflexos de aço polido. É o ímã gigantesco que atrai para o interior povoado pelo mistério ainda não desvendado" (Aureli, 1962:89).

Além disso, o narrador também se inscreve no coração do projeto civilizador estatal. Em discurso proferido na chamada ilha da Separação, no dia 9 de agosto de 1938, Aureli afirma que o objetivo da Bandeira seria hastear a Bandeira Nacional no alto da serra do Roncador, num gesto simbólico de incorporação dessa montanha lendária ao espaço territorial legítimo do país. Couto de Magalhães é lembrado na narrativa, bem como os relatórios produzidos no âmbito da Comissão Rondon. As descrições sobre os povoados e as gentes do espaço percorrido repetem, de forma bem menos agressiva, alguns dos estereótipos e obsessões desses viajantes modernos. Ao narrar como se dá a festa da Trindade, realizada na localidade de mesmo nome, Aureli enumera a galeria de tipos que acredita representar a população local:

> Jagunços, enxutos, matutos simplórios, vaqueanos destemidos, boiadeiros insolentes, agricultores pacatos, funcionários arrogantes, comerciantes, capitalistas, chefes políticos, "cabras" perigosos, pirangueiros, "desaforados", garimpeiros de todas as nacionalidades, soldados, religiosos, matronas, virgens, cocotes, adolescentes, vivem intensamente, respiram o ar saturado de vícios numa promiscuidade inevitável [Aureli, 1962:65].

O clássico tema das ruínas ressurge, acompanhado do lamento diante da apatia moral e econômica das cidades e dos povoados da região. Como já se sabe, nesses relatos o Brasil Central é tanto o futuro de promissão quanto o presente desértico, onde não prosperam as virtudes burguesas. Assim, Aureli descreve Goiás, a antiga capital que seria substituída pela recentemente construída Goiânia, como um lugar marcado pela decadência:

> Hoje, meio despovoada pelas contingências inadiáveis, pois que a maioria de sua população, formada pelas famílias dos empregados públicos, emigrou para Goiânia, dormita na so-

nolência das coisas mortas, sobradões abandonados e desertos para sempre, quarteirões por onde ecoam os passos dos raros transeuntes, vielas silenciosas como alamedas de uma necrópole [Aureli, 1962:71].

Não é por acaso que a expedição buscava reivindicar o legado bandeirante e que seu líder evocasse o exemplo de abnegados jovens. Assim como Ribeiro da Silva, Aureli escreve de um lugar específico, caracterizado pela mistura entre jornalismo, aventura e colonização. Mediadores do Brasil Central, esses personagens produziram relatos ao gosto dos leitores do Sudeste, ansiosos pelo exotismo e pelos apelos civilizatórios de redenção da região.

As linguagens típicas dos relatos de viagem mostraram extraordinária persistência no pensamento brasileiro. De Couto de Magalhães a Willy Aureli, esse tipo de texto inventariou um Brasil Central contraditório e de limites indefinidos, cuja descrição foi organizada com base no registro da aventura. A natureza exuberante e majestosa produzia êxtase e melancolia, e a percepção da decadência e das ruínas evidenciava os sentimentos ambíguos que esses escritores nutriam pela região. Como se verá no próximo capítulo, esse tipo de performance discursiva estará na raiz do modo como os burocratas do Estado Novo narrarão suas experiências e trajetórias nesse espaço.

## Geografia e geopolítica do Brasil Central

O Brasil Central, como tal, nunca existiu oficialmente até o século XX. Das províncias do Império aos estados republicanos, a divisão territorial do país sempre se fixou nos limites das unidades locais, e mesmo assim foi tema constante de controvérsias. Desde o Segundo Reinado, inúmeras propostas de redivisão territorial foram feitas, como a de Varnhagen, em 1849, e a de André Rebouças, em 1889 — este, por sinal, já reunia Mato Grosso e Goiás como partes da região central (Guimarães, 1941). Ao longo da Primeira República, sociedades geográficas foram constituídas e congressos foram realizados. Entre 1908 e 1926, houve oito congressos de geografia, enquanto não havia ainda um único curso universitário na disciplina (Anselmo, 2000). Crescia o campo dos especialistas em geografia, a despeito da quase inexistente institucionalização universitária. O Estado ampliava sua demanda por especialistas capazes de produzir um conhecimento técnico que garantisse o efetivo domínio do espaço. Os principais temas que animavam esse debate eram a redivisão territorial do Brasil, a definição dos limites entre os estados[28] — tema discutido na Conferência de Limites Interestaduais, convocada por Epitácio Pessoa em 1920 — e a mudança da capital para o centro do país, questão antiga reanimada pela Constituição de 1891, que previa essa transferência.

A coleção Brasiliana traduziu essa valorização do argumento geográfico a partir da segunda metade da década de 1930. Se as primeiras obras eram mais focadas em biografias e temas históricos, já em 1934 há um surto de trabalhos de conteúdo geográfico, com a publicação de livros como *Pelo Brasil Central*, de Frederico Rondon, e a reedição de *Rumos e perspectivas*, de Alberto Rangel. No ano seguinte, a obra clássica de Mário Travassos sobre o Brasil na América do Sul é reeditada, com uma substantiva alteração de título (de *Aspectos geográficos sul-americanos*, nome da primeira edição em 1931, para *Projeção continental do Brasil*). Em 1936, a coleção reedita *Rondônia*, de Roquette-Pinto, e *Expansão geográfica do Brasil colonial*, de Basílio de Magalhães, além de publicar a quarta edição de *Na Planície Amazônica*, de

---

[28] Ao ratificar o critério de *uti possidetis*, a Carta de 1937 buscava pôr fim a esses debates entre os diferentes estados brasileiros.

Raimundo de Morais. Em 1937, edita *À margem do Amazonas*, de Aurélio Pinheiro, *O rio da unidade nacional: o São Francisco*, de Orlando de Carvalho, *O oeste paranaense*, de João Lima de Figueiredo, e a segunda edição de *Amazônia: a terra e o homem*, de José Francisco de Araújo Lima. Os anos seguintes seguem essa tendência, com publicações como *Reservas de brasilidade: Amazonas e Mato Grosso*, de Flávio Rubim (em 1939), e *O Rio São Francisco: fator precípuo da existência do Brasil*, de Geraldo Rocha (em 1940). Contribuía para esse cenário a disseminação de argumentos geográficos em ensaios e estudos dedicados a interpretar o Brasil (Lima, 1999). Conforme sugeri em outra ocasião (Maia, 2008a), esses livros clássicos mobilizavam o espaço como chave de leitura de uma sociedade periférica, marcada pela diferença colonial em relação aos centros urbanos e civilizados da modernidade europeia. Em perspectiva aparentada, Lia Osório Machado (1999) argumenta que autores como Ratzel, La Blache e Brunhes eram lidos — mal ou bem — e reprocessados, transformando-se em instrumentos para superar o fatalismo racial que marcaria as interpretações mais pessimistas sobre o lugar do Brasil no mundo. Segundo a autora, "o uso da heurística geográfica para combater o pessimismo racial explica, ao menos em parte, por que tantos intelectuais e cientistas brasileiros se interessaram pela antropogeografia" (Machado, 1999:7).

No campo mais específico dos que se intitulavam geógrafos, os principais postos eram ocupados por professores, em especial do colégio Pedro II. Entre os principais, poder-se-ia citar Raja Gabaglia, Everardo Backheuser e Delgado de Carvalho. Este lecionou não apenas no citado colégio, mas também nas escolas de Intendência e Estado Maior do Exército (1921) e no Curso Livre de Geografia (1926), destinado à atualização dos professores primários (Barros, 2008). Sua obra *Geografia do Brasil*, originalmente publicada em 1913, converteu-se em um dos mais citados compêndios sobre a divisão territorial do Brasil. Esse livro contém uma divisão regional baseada na ideia de "regiões naturais" e delimita o Brasil Central, composto pelos estados de Goiás e Mato Grosso. Além dessa região, Delgado de Carvalho cita o Brasil Setentrional, o Meridional, o Nordeste e o Oriental. Essa proposta iria se consagrar no ano de 1925, quando foi incorporada de forma oficial ao ensino escolar com a Reforma Luiz Alves Rocha Vaz (Lima e Abreu, 2005).

Ainda assim, o debate continuaria com outras propostas sendo formuladas, muitas das quais se afastavam do conceito de regiões naturais, adotando a chamada teoria da equipotência, de inspiração francesa. Era o caso das sugestões de Henrique Lages e Ary Machado Guimarães, esse último propondo 35 departamentos com nomes de brasileiros ilustres (Fleming, 1939). Fábio Macedo de Soares Guimarães, dirigente do CNG, listou em 1941 nada menos do que 10 propostas conhecidas para redesenhar o mapa brasileiro (Guimarães, 1941). Já Thiers Fleming, militar e ex-chefe do Comando Maior do Exército, listou 16 propostas em sua obra *Nova divisão territorial do Brasil* (Fleming, 1939).

No mesmo ano em que Guimarães e Lages lançavam suas propostas, a própria Sociedade de Geografia do Rio de Janeiro divulgou o anteprojeto de redivisão sugerido por uma grande comissão de especialistas, que previa a organização de 10 territórios federais distribuídos ao longo das fronteiras oeste e noroeste do Brasil. A comissão era chefiada pelo já citado Everardo Backheuser, um dos pioneiros do pensamento geopolítico nacional, juntamente com Mário Travassos. Passo agora a analisar esse pensamento, por considerar a linguagem da geopolítica fundamental para a constituição das práticas estatais da FBC.

Em sua obra *Problemas do Brasil (estruturas geopolíticas): o "espaço"*, Backheuser (1933) delineava sua abordagem geopolítica do território brasileiro. Ele construiu sua reflexão geográfica com base nas obras de dois teóricos da geopolítica europeia, o sueco Rudolf Kjéllen e o alemão Friedrich Ratzel. Ambos se tornaram nomes conhecidos por conta da associação de suas ideias com o expansionismo nazista, tema já suficientemente explorado por trabalhos críticos na área, como pode ser verificado na coletânea sobre tradições geopolíticas editada por Klaus Dodds e David Atkinson (2000). O objetivo de Backheuser ao mobilizar essas teorias era discutir questões internas ao Estado-nação brasileiro, em especial dois temas que mobilizavam os geógrafos havia muito tempo: a redivisão territorial do Brasil e a mudança de capital.

Backheuser sustentava que o vasto território nacional deveria ser dividido de forma racional e equilibrada, por meio de uma ação coordenadora do Estado. Seu projeto não respeitava as fronteiras naturais dos estados existentes e sugeria o estabelecimento de nada menos do que 64 unidades federativas, constituídas a partir do critério da equidade de poder. As razões para tal proposta seriam históricas: como um país periférico de origem colonial, a ocupação do espaço brasileiro teria sido empreendida de forma espontânea e abrupta, não sendo resultado de uma lenta e orgânica evolução do povo. Dada essa origem espúria, não havia por que respeitar as fronteiras naturais no momento de definir os estados, devendo as divisões ser fixadas por critérios abstratos.

O argumento de Backheuser ecoava as teorias não liberais que grassavam na Primeira República, em especial as de Alberto Torres e Oliveira Vianna. Nesses autores, podem-se localizar argumentos relativos à defesa da ação coordenadora do Estado como forma de lidar com um território fragmentado e disperso, fato supostamente agravado pelo federalismo republicano adotado em 1891. Backheuser amplia esse argumento ao situar o caso brasileiro em comparação ao mundo europeu e asiático. A chamada "Eurásia" seria marcada pela presença de sociedades com forte tradição histórica, fator que explicaria uma marcha territorial mais coesa. Aliás, era a ausência de acumulação histórica que explicaria a artificialidade das cidades brasileiras e a possibilidade de reconstruir o espaço sem respeitar fronteiras naturais. Nas palavras do autor, "nos países americanos, pois, que não se preocupam muito se suas tradições são dilaceradas, a mudança de uma capital não deve ter a importância que tem nas nações eurásicas, esmagadas sempre pelo peso da história" (Backheuser, 1933:123).

Essa citação evidencia a forma como o autor interpreta a dimensão americana da formação brasileira. Ao contrário da Eurásia, espaço constituído por uma história de longa duração, o Brasil estaria desprovido de fundamentos tradicionais e legítimos, abrindo espaço, portanto, para que o Estado operasse como demiurgo não apenas do território, mas da própria nação.

O que eu gostaria de destacar na obra de Backheuser é o modo como as ideias geopolíticas europeias são lidas. Se, no Velho Mundo, elas se orientavam para o problema da competição imperialista, traduzindo uma crescente consciência europeia sobre os choques globais entre massas continentais (como a "Eurásia"), no caso brasileiro, a geopolítica convertia-se numa espécie de olhar do Estado sobre seu próprio território. Não à toa, boa parte do pensamento brasileiro calcado em argumentos geográficos orientava-se obsessivamente para a "reorganização nacional" e temas assemelhados.

Essa perspectiva surgia mesmo em obras geopolíticas mais decididamente voltadas para o lugar do Brasil no continente americano. É o caso de *Projeção continental do Brasil*, cuja segunda edição data de 1935. Nessa obra, tida como exemplar do clássico pensamento geopolítico nacional (Miyamoto, 1995), o oficial do Exército Mário Travassos expõe sua visão sobre a concorrência entre Brasil e Argentina pela hegemonia continental, destacando a disputa em torno do que seria o *heartland* sul-americano: o triângulo boliviano formado pelas cidades de Cochabamba, Santa Cruz de La Sierra e Sucre.

O argumento destaca dois antagonismos geográficos fundamentais: o organizado em torno da contradição Atlântico-Pacífico e o estruturado pela tensão entre as bacias do Amazonas e do Prata. É a esse antagonismo que o autor dedica grande atenção, pois considera que os argentinos, graças à sua superior estrutura de transportes, estariam levando vantagem no domínio do triângulo boliviano. Entretanto, Travassos afirma que a atração exercida pelo Amazonas seria mais espontânea, dada a proximidade da região e sua capacidade de escoamento pela ferrovia Madeira-Mamoré para o Atlântico, integrando a região ao projeto de desenvolvimento brasileiro.

Contudo, para que esse projeto se consolidasse, Travassos considerava fundamental traduzir politicamente a configuração geográfica brasileira. Nesse momento, a geopolítica converte-se em uma linguagem do Estado nacional — linguagem que caracteriza as terras centrais do Brasil como estratégicas para a segurança coletiva. O autor afirma: "Em primeiro lugar admitimos os dois imensos brasis que se procuram até às mais longínquas regiões da parte central do continente, representando ambos verdadeiros territórios de penetração tendo como base o litoral atlântico. São eles o Brasil Amazônico e o Brasil Platino" (Travassos, 1935:113).

É esse Brasil Longitudinal que Travassos eleva à condição estratégica para a projeção continental brasileira. Vê-se, por um lado, como o autor relê a clássica tese sobre a identidade continental supostamente natural do Brasil, tido desde muito como um país continente, delimitado pelas bacias do Amazonas e do Prata (Magnoli, 1997). Por outro lado, Travassos também contribui para consolidar a visão do Brasil Central — que não é nomeado dessa maneira no livro — como um espaço que só existe como pedaço estratégico do Brasil continental:

> Por mais periclitante que se queira julgar nossa unidade geográfica, é mais que certo repousar a sua mantença nessas duas

ordens de fenômenos: atuações convergentes do Brasil platino e Amazônico sobre o centro geográfico do continente considerado objetivo comum; esforços de unir as duas extremidades divergentes dessas mesmas atuações na orla litorânea, justo pelas *regiões naturais* que denominamos, em conjunto, de Brasil Longitudinal [Travassos, 1935:117, grifo do original].

Qual é, afinal, a contribuição dessa linguagem geopolítica para a fabulação do Brasil Central, tal como será operado pelas práticas de territorialização da FBC? Em primeiro lugar, essa linguagem produz um descolamento entre espaço e vida nacional. Ou seja, o Brasil Central será enquadrado por uma razão abstrata, característica de um Estado que vê seu próprio território como um tabuleiro a ser disciplinado e regulado. Em segundo lugar, essa linguagem consagra a clivagem entre uma história de ocupação tida como "espontaneísta" e desorganizada, típica de nações que surgiram como colônias, e uma ação estatal demiúrgica, capaz de traduzir politicamente um espaço inconsciente de seu lugar no país e no mundo. Como se percebe, esse segundo aspecto da linguagem geopolítica será de extrema importância, pois confere ao Estado-nação a chave de interpretação da metafísica do espaço brasileiro. A nação só se completaria como tal, capacitando-se a exercer sua natural hegemonia continental, caso seu Estado empreendesse verdadeira fuga à frente, esquadrinhando o território nacional e dando-lhe um sentido. Não seria outra a história da FBC e das próprias práticas territoriais do Estado brasileiro.

## As viagens científicas

Outro *corpus* de importância capital para a configuração do Brasil Central foi constituído pelos variados estudos e relatórios produzidos pelas expedições científicas organizadas para os estados da região central. Esses textos singularizam-se por suas condições de produção e por seus objetivos. São, em geral, produtos de viagens e expedições — ao contrário dos analisados na seção anterior, cujos autores reivindicavam um conhecimento disciplinar específico que não demandaria o testemunho —, traduzindo experiências observadas em primeira mão por estudiosos e agentes do Estado.

O primeiro conjunto de viagens e escritos do período republicano foi produzido sob a égide da Constituição republicana de 1891, que já mencionava em seu art. 3º a necessidade de estudos para a interiorização da capital do Brasil. A famosa expedição promovida pelo Ministério da Indústria, Viação e Obras Públicas foi chefiada por Luís Cruls, então diretor do Observatório Nacional, que organizou, logo em 1892, a "Comissão para exploração do Planalto", contando com outros cientistas, como os astrônomos Oliveira Lacaille e Henrique Morize, além do geólogo Eugênio Hassak, do médico Antônio Pimentel e do botânico Ernesto Ule.[29] O livro *Planalto Central do Brasil* foi editado originalmente em 1894, ganhando uma segunda edição na coleção Brasiliana e uma terceira na coleção Documentos Brasileiros em 1957, evidenciando seu lugar de clássico relato científico. Notícias da expedição já circulavam no *Jornal do Commercio* e artigos sobre ela eram discutidos na revista do IHGB (Vergara, 2006), evidenciando o poder de disseminação desse discurso sobre o centro do país.

O primeiro ponto a ser observado nesse relato típico da linguagem científico-exploratória da Primeira República é a preocupação com a centralidade geográfica que definiria o lugar de

---

[29] A expedição contava ainda com os ajudantes Tasso Fragoso, Hastímphilo de Moura, Celestino Bastos, Alípio Gama e Antônio Cavalcanti de Albuquerque.

tal espaço na construção da nação. Como afirma Cruls logo no início de seu texto de apresentação,

> o planalto central indicado no art. 3º da Constituição é formado na realidade por uma série de chapadões cujas altitudes vão crescendo de sul a norte, e, embora ocupe realmente uma expressão bastante considerável, tem a sua região central localizada na zona onde se encontram as cabeceiras dos principais rios do sistema hidrográfico brasileiro: o Araguaia, o Tocantins, o São Francisco e o Paraná [Cruls, 1957:86].

Essa preocupação com o centro exato do país traduzia a busca do lugar geograficamente mais preciso para a nova capital. Nesse sentido, a ideia de "central" empregada nesse e em outros escritos relacionava-se a uma preocupação com a localização de uma fundação estável e racional para a nação, um tema já tradicional na imaginação brasileira. Conforme analisa Moema Vergara (2006), o relatório emprega fartamente a retórica da tradição, mobilizando argumentos históricos de personagens imperiais, como o visconde de Porto Seguro e Varnhagen.

Mas o livro de Cruls também contribuiu para disseminar uma visão positiva do Brasil Central, tida como área salubre para a nova capital. Essa visão seria compartilhada por outros participantes que, igualmente, escreveram sobre o lugar, como o médico-higienista Antônio Pimentel (1907). Segundo ele, o Brasil Central seria o Paraíso Perdido bíblico, região estigmatizada como doentia, mas na realidade perfeita em termos climáticos e higiênicos para a nova capital brasileira. No anexo IV da obra de Cruls, Pimentel assina um relatório em que afirma:

> A conformação física e climatológica do vasto planalto central do Brasil facilita sobremaneira a aclimatação do trabalhador europeu, sem os prejuízos das regiões tórridas, cujos predica-

dos aí desaparecem pela grande altitude média; pelos seus rios navegáveis e brandos declives favorece o movimento comercial interno e as demais relações dos Estados brasileiros entre si e do Brasil com as repúblicas vizinhas... [Pimentel, 1907:166].

A primeira década do século XX foi marcada pela disseminação de uma visão positiva da região, que seria abalada com a divulgação dos relatórios produzidos a partir das célebres expedições dos sanitaristas da Fundação Oswaldo Cruz. Esses relatórios, produzidos por nomes como Belisário Pena e o próprio Oswaldo Cruz, contribuiriam para projetar um retrato negativo da região, tida como espaço marcado pela insalubridade, pelas doenças e pela pobreza (Hochman, 1998; Lima, 1999; Vieira, 2007). Tome-se, por exemplo, o relatório de viagem escrito pelos médicos Artur Neiva (cujo filho, Artur Hehl Neiva, seria depois secretário-geral da FBC) e Belisário Pena, que percorreram durante sete meses de 1912 localidades na Bahia, em Pernambuco, no Piauí e em Goiás.

Esse grande relatório, contendo fotos e textos, ganhou divulgação na imprensa e contribuiu para consolidar a campanha pública pelo "saneamento dos sertões", que marcaria o final da década de 1910 e a seguinte, com as atividades da Liga Pró-Saneamento, artigos de Monteiro Lobato sobre o tema etc. Como analisa Nísia Lima (2009), o relatório deslocava a questão do clima e da raça para uma argumentação científico-ambiental, que enquadrava o Brasil Central como geografia isolada e pouco assistida. Neiva e Pena enfatizavam as doenças, a pobreza, a ausência de autoridade pública e o abandono como elementos que definiriam a região no quadro da nação. O texto também apresenta os principais personagens da região, como os vaqueiros e os sertanejos, mistos de doentes e homens nobres e trabalhadores, objetos-alvo de uma ação estatal. Trata-se, portanto, de incluir o Brasil Central no projeto civilizatório.

## O repertório cultural do Brasil Central

Se a linguagem geopolítica instituía um olhar do Estado sobre o espaço fundado na ação demiúrgica e na razão abstrata, essa linguagem científico-estatal conferia substância a esse espaço, povoando-o de "vaqueiros", "doenças" e "latifúndios". Essa representação, fundada na percepção de um isolamento social e geográfico, lograria grande persistência nas ideias e nas instituições voltadas para a região. É o que se percebe nos escritos de Júlio Paternostro, comunista que trabalhou no Serviço de Febre Amarela entre 1934 e 1938, percorrendo a região do Tocantins. Seu livro *Viagem ao Tocantins* (Paternostro, 1945), editado na Brasiliana, delineava um agudo painel das precárias condições de vida e trabalho do sertanejo, tido pelo autor como "pária da civilização brasileira, magnificamente aclimatizado e marcado por grande docilidade de caráter, estaria em outra fase cultural se houvéssemos tido outra orientação administrativa" (Paternostro, 1945:20-21). É interessante ressaltar como Paternostro percebia a dissonância entre os relatos românticos sobre a natureza da região e suas observações sobre o cotidiano de doenças, pobreza e falta de perspectivas dos homens do Brasil Central, evidenciando a singularidade dos relatos desse tipo em relação a outras linguagens. No registro do próprio autor:

> A maioria de nossos romances de índios, caboclos e curibocas, desde o fundador do gênero — Bernardo Guimarães —, pode conter belas e exatas descrições do meio geográfico, da civilização material, mas não corresponde à verdade do que se passou ou se passa na vida afetiva dos habitantes do sertão. Poetas, romancistas e novelistas levam até hoje para o sertão a sua psicologia de homem urbano do litoral ou de erudição aborígene falseada, "racionalizam" os seus sentimentos e os "projetam" nos tipos retratados em suas obras [Paternostro, 1945:194-195].

## Estado, território e imaginação espacial

No dizer de Nísia Lima (2009), esses relatos comporiam uma verdadeira Brasiliana médica, cuja legitimidade como *corpus* de conhecimento seria atestada pela circulação de seus argumentos nas obras de cientistas sociais posteriores, como Florestan Fernandes. Não viriam dos sanitaristas, contudo, as únicas contribuições para a configuração dessa linguagem científico-estatal sobre a região, que também moldaria certas práticas da FBC.

Muito já se escreveu sobre as missões de Rondon, seja atentando para suas práticas indigenistas, em geral interpretadas como parte de um projeto colonial de gestão estatal (Souza Lima, 1995), seja destacando suas relações com uma visão de integração nacional, comum ao pensamento social do período (Lima, 1999). Mais recentemente, Sá, Sá e Lima (2008) analisaram como os relatórios das missões produziram material para discussões em campos de saber como a botânica, a zoologia e a geologia. Para os objetivos deste livro, gostaria apenas de apontar como os escritos associados a esses empreendimentos contribuíram para modelar a linguagem científico-estatal sobre o Brasil Central. Para tanto, tomo três exemplos: o primeiro volume do *Relatório apresentado à Diretoria Geral dos Telégrafos e à Divisão Geral de Engenharia (G.5) do Departamento de Guerra* (CLTEMA, 1915), intitulado "Estudos e reconhecimentos"; os textos de Frederico Rondon (1934, 1938) sobre a empreitada; e a obra *Rondônia*, do cientista, educador e etnógrafo Roquette-Pinto (2005), que a publicou em 1917, depois de sua participação em algumas etapas das missões de Rondon.

O relatório referia-se a missões realizadas em 1907, 1908 e 1910 pela Comissão de Linhas Telegráficas Estratégicas de Mato Grosso ao Amazonas (CLTEMA), organizada por três ministérios (Viação e Obras Públicas, Guerra e Agricultura, Indústria e Comércio) e chefiada pelo militar Cândido Mariano Rondon. Essas missões visavam integrar a região amazônica ao país por intermédio de uma estrutura de comunicações, inspecionar a fronteira Brasil-Peru e reunir informações científicas. No texto, combinam-se impressões mais gerais sobre o que chamava de "sertões do Mato Grosso" — e não Brasil Central — e anotações variadas sobre o percurso, as dificuldades enfrentadas, aspectos geográficos e culturais das regiões visitadas, organizando o escrito na forma de um diário de campanha.

Nota-se, em primeiro lugar, a persistência de certos temas associados à região, presentes em antigos relatos de viagem analisados na primeira seção deste capítulo. Refiro-me ao inventário das ruínas, motivo constante nas impressões rondonianas. Ao descrever a clássica cidade de Vila Bela da Santíssima Trindade, um dos centros da vida colonial de Mato Grosso e tornada notória pelo relato de visconde de Taunay, afirma:

> Ruas onde o mato cresce, casas em derrocada, onde residem 340 habitantes, sede do paludismo e em guerra com os índios dos arredores que por duas vezes já a invadiram, em pleno dia — eis como encontrei Vila-bela no ano de 1906, quando a visitei, após a construção do ramal de Cuiabá a Cáceres [CLTEMA, 1915:31].

Ou ainda passagens como esta, em que o autor diagnostica o fracasso constante das marchas civilizatórias na região:

> Tudo foi por nós examinado com a religiosa atenção de quem medita um interessante capítulo da nossa história antiga, em que tantos e tão heroicos esforços vieram se esboroar de encontrar à gigantesca massa de resistências diversas que, ainda hoje, se opõe à civilização e domínio daquelas paragens históricas [CLTEMA, 1915:33].

De forma mais geral, os espaços percorridos são enquadrados na linguagem sertanista, também partilhada por outros escritos já analisados. Assim, a comissão era formada por "expedicionários" que ousadamente iriam "varar" e "penetrar" em territórios "desconhecidos", "indo em demanda" de certos pontos-alvo, tendo como instrumentos de cognição "Cartas, cópias de cópias de trabalhos coloniais, indicações vagas em escritos velhos ou criações fantásticas" (CLTEMA, 1915:41). Chamo a atenção para essas categorias nativas porque elas transitavam com relativa liberalidade entre diversos tipos de registro, dos relatos bandeirantistas de Aureli e Ribeiro ao relatório militar de Rondon, passando pelos trabalhos de historiografia paulista que buscavam fixar os heróis coloniais. Essas categorias seriam largamente empregadas no discurso burocrático dos funcionários da FBC, introduzindo no seio do aparelho estatal modos de narração e cognição que remetiam a linguagens supostamente afastadas desse discurso.

Percebe-se também a relevância da grandiosidade do território nas descrições empreendidas por Rondon, seja para acentuar a solidão dos homens por lá, seja para produzir sentimentos de êxtase diante do aspecto majestático da natureza. Como exemplo, transcrevo a passagem abaixo:

> Ao galgarmos o alto do espigão divisor, deparou-se-nos a vista um espetáculo grandioso. As sucessões das medas ou taboleiros, facilitando a projeção das cumeadas sucessivas, umas nas outras, imprimem à imaginação do explorador a ideia de um terreno formado de montanhas, regularmente horizontais, com ilusão de que elas se afastam sempre do viajante, à proporção que este caminha ou avança para elas.
> 
> Ricardo Franco comparou admiravelmente as ondulações desses chapadões infindos, com as ondas revoltas do oceano, quando açoitado por temporais incruentos, deixa ver as fundas cavas plúmbeas alternando-se às brancas montanhas que se sucedem a perder de vista [CLTEMA, 1915:166].

## O repertório cultural do Brasil Central

Essa combinação entre melancolia e assombro, também presente nos relatos de Couto de Magalhães e Leite Moraes, é comum no relatório, e evidencia como, por sob o registro mais característico do relatório militar, emergem formas de cognição do espaço que remetem a outras linguagens e modos de dizer. Contudo, o autor sempre procura amarrar o texto de forma a deixar claro qual economia discursiva preside o relatório, e por que ele foi escrito. Assim, na seção "Introdução", que serve para alertar o leitor sobre o propósito das missões chefiadas pelo autor e como elas se articulam aos projetos de Estado, ele escreve:

> Desbravar esses sertões, torná-los produtivos, submetê-los à nossa atividade, aproximá-los de nós, ligar os extremos por eles interceptados, aproveitar a sua feracidade e as suas riquezas, estender até os mais recônditos confins dessa terra enorme, a ação civilizadora do homem — eis a elevada meta de uma política sadia e diligente, eis a obra de um estadista que tenha a compreensão nítida das necessidades primordiais do desenvolvimento material desta Pátria, bem merecedora de ser muito amada e carinhosamente servida [CLTEMA, 1915:6].

Esse tipo de visão sobre o Brasil Central pode ser encontrado em outros registros associados à Comissão Rondon, mesmo que posteriores. Tomem-se como exemplo os livros *Pelo Brasil Central* e *Na Rondônia Ocidental*, escritos pelo capitão Frederico Rondon (1934 e 1938, respectivamente) — sobrinho de Cândido Mariano. O primeiro livro enaltece a ação do Exército nos sertões brasileiros, inventaria a história do território nacional, propõe a colonização oficial e apresenta um programa para a criação do Instituto Bandeirante, que seria destinado a sacramentar a obra da Comissão. Ao localizar na região central as possibilidades de redenção do país, Rondon atribui a São Paulo um papel proeminente na realização da colonização dos espaços interiores do país. Note-se que todo esse vasto empreendimento sertanista tem como carro-chefe a consolidação do Exército como força política, intérprete por excelência dessa nova fase de construção nacional. No dizer do próprio autor:

> Guardião nato da integridade de uma Pátria em formação, o Exército se faz obreiro da integração nacional, moldando em seus quartéis o tipo moral do brasileiro, incutindo-lhe a noção da grande pátria e investindo os problemas que se prendem à obra de consolidação nacional, penetrando as extensões territoriais que jaziam desconhecidas e abandonadas, desde a conquista do continente, levando às populações indígenas arredias o conforto da solidariedade nacional e trazendo à Nação o conhecimento de suas próprias riquezas [Rondon, 1934:106-107].

Já o livro *Na Rondônia Ocidental* é composto como um relato de viagem, a qual teria se realizado em 1936, ano no qual Rondon percorrera uma região compreendida na fronteira entre Brasil e Bolívia. O texto não é um relato de viagem qualquer, mas um feito a partir de mais uma expedição militar. Ou seja, temas comuns a esse registro clássico — as aventuras e a percepção das ruínas do território distante — são articulados numa narração que se fundamenta na missão militar. Assim, entre os objetivos de sua viagem à região citada, Rondon elenca o levantamento de informações geográficas mais precisas sobre as fronteiras nacionais.

É interessante notar também como Frederico Rondon constrói seu texto com base nos escritos anteriores de seu tio. O livro tem extensas citações de Cândido Rondon, comentadas à medida que Frederico passa por cidades, vilas e localidades que já haviam sido visitadas pela Comissão. Como se percebe, esse tipo de trabalho simbólico contribuía para fixar um território por meio da consagração de um percurso específico, feito por militares. Entretanto, o escrito não consegue ocultar as ruínas que marcam as desventuras do Estado naquelas plagas. Ao chegar a Guaporé, Rondon afirma:

> Com a desvalorização da borracha, a empresa de Balbino Maciel entrou em decadência. O material Fowler foi abandonado e o tráfego suspenso. A máquina foi aproveitada numa lancha construída no estaleiro da Cachoeira. Os vagões ficaram, uns, na Cachoeira, outros, no Salitre; outros foram queimados pelos índios, no Guaporé [Rondon, 1938:103].

A célebre Vila Bela, por sua vez, tem seu retrato de decadência, já pintado no relato da Comissão Rondon, reiterado, dessa vez com a citação da viagem original. Assim, Frederico Rondon escreve:

> Ao lado do quartel de Dragões havia outro edifício colonial — a Câmara. Restam vestígios, na mata que cobre o local. Em 1907, o General Rondon (então, Major) ainda pôde encontrar o quartel em pé, embora mal conservado. Mas o edifício da Câmara já era, então, "um montão de entulho" [Rondon, 1938:109].

Ao final, o diagnóstico ecoa as preocupações sanitaristas com a insalubridade da região e com as doenças que atingem o povo local, enfatizando os problemas alimentares e a falta de higiene pública. Como em outros registros desse tipo, a ação do Estado reclamada confunde-se com a atribuição da missão civilizadora ao Exército. É por isso que o autor defende a implantação de núcleos de colonização nas áreas de fronteira, mas sob comando do Exército. Introduz também o tema da organização cooperativista, que seria uma constante nos discursos estado-novistas a respeito do Brasil Central durante a Marcha para o Oeste.

No caso das informações científicas, poucos livros expressam melhor esse objetivo do que o clássico *Rondônia*, escrito por Edgar Roquette-Pinto e citado na própria bibliografia de Frederico Rondon. O livro foi publicado pela primeira vez em 1917, fruto da expedição do autor à Serra do Norte (região entre MT e RO), integrando a CLTEMA. A obra foi novamente reeditada nos anos 1930, no âmbito da coleção Brasiliana, juntamente com outras que traduziam um interesse enciclopédico pela região. Funcionário do Museu Nacional desde 1906, Roquette-Pinto notabilizou-se, entre outras atividades, por sua participação nos debates sobre indigenismo, atuando também no âmbito do IHGB (era sócio desde 1913).

O livro é composto na forma de um caderno de viagem, que apresenta informações sobre as expedições chefiadas por Rondon entre 1907 e 1909 no sertão noroeste de Mato Grosso e anotações etnológicas sobre povos indígenas. O texto, portanto, articula longas descrições das paisagens dos chapadões arenosos da região com descrições mais objetivas dos costumes, da linguagem e das práticas dos pareci, grupo indígena estudado pelo autor. Há espaço, também, para considerações sobre políticas de colonização e migração, num eco das atividades do SPI. No caso dos caboclos, o livro reitera o diagnóstico sertanista sobre esses personagens, mistos de homens bravos e doentes. Ao descrever um desses tipos, afirma: "Eis aí o preço de um homem. Há uma diferença tão grande entre o que são os brasileiros das cidades, e o que padecem as populações sertanejas, que até parecem habitantes de dois países diversos" (Roquette-Pinto, 2005:99).

A caracterização do indígena, aliás, está sujeita a uma constante tensão, pois o autor tenta singularizar esses personagens em meio a outros tipos, como "caboclos", "sertanejos" e "brasileiros". Assim, o texto contém frases como: "Brasileiros havia dois homens; tudo mais era Pareci" (Roquette-Pinto, 2005:197). Ou ainda:

Há índios perfeitamente assimilados pela nossa modesta cultura brasileira do interior; esses estão fora de questão. São, de fato, sertanejos. Trabalham, produzem, querem aprender. Não são mais *índios*. Outros porém, infiltrados de maus costumes pelos seringueiros viciosos, naturalmente vadios, não podem e não devem ser contados como produtores; é protegê-los e deixá-los viverem como quiserem [Roquette-Pinto, 2005:200, grifo do original].

Nas descrições do espaço, o autor reitera formas já conhecidas, que expressam o espanto humano diante das formas majestosas e vastas da natureza. Assim, a primeira página de seu relato é aberta com longa descrição das dimensões movediças do terreno e dos rios, que produzem uma espacialidade quase flutuante:

A fisionomia geográfica de Mato Grosso é feita de traços vivos e característicos. Numerosos cursos d'água dominam o maciço de suas terras, que se dividem atualmente em três zonas. Planícies pantanosas se dilatam pela porção meridional do estado, campos relvados, onde se adensam, neste momento, grandes manadas. O planalto se esgueira e se intromete entre as cabeceiras numerosas dos rios, seco, árido, cheio de plantas enfezadas e tristes; o planalto é o "chapadão". Enfim, a região das montanhas do Norte é coberta de florestas colossais. Todavia, margeando os grandes rios, ou adornado os mananciais, a mata, por toda parte, cresce e domina; conforta com sua sombra e seus frutos; espanta com suas formas [Roquette-Pinto, 2005:1].

O que há de comum nesses diferentes registros produzidos a partir da realização de viagens e expedições científicas, organizadas sob a égide do Estado brasileiro, numa conjugação entre interesses militares, científicos e administrativos? Essa linguagem incorpora temas clássicos dos relatos de viagem — a narrativa de penetração e desbravamento, agora enunciada de um lugar de discurso encravado na malha burocrática — e acrescenta um conjunto de personagens e situações que seriam associados ao Brasil Central: caboclos, grupos indígenas, sertanejos, todos dotados de "carências" que os qualificariam como objetos da ação estatal. Além disso, esses escritos consagram certos espaços físicos como cenários característicos da região: os planaltos arenosos, as vastidões dos chapadões e as cidades decadentes. Ao mesmo tempo espaço em ruínas e terra de possibilidades, essa vasta e indefinida região só ganha ordem e sentido quando enquadrada na linguagem da integração nacional, que é afinal um sinônimo para o registro científico tratado nesta seção.

## O romanceiro do Centro

Os romances sobre sertão, sertanejos e interiores do Brasil são tema clássico de investigação desde muito na imaginação ilustrada brasileira. Flora Süssekind (1990) mostrou como os escritos produzidos a partir de 1820 caracterizavam-se pela procura da fixação da paisagem nacional, num diálogo constante com os relatos de viagem. São do final desse período obras como *Inocência*, de visconde de Taunay, publicada em 1872. Na ausência de uma tradição histórica longeva, esses narradores dos interiores progressivamente transformaram a natureza num cenário histórico, espécie de lugar fundacional de uma nação ainda jovem. O chamado romance sertanejo, representado por obras como *O Cabeleira* (1876), de Franklin Távora, foi desdobramento dessa tradição inicial, configurando um modelo de narração do Brasil que elegia o sertão como espaço típico, misto de rudeza e encantamento. Esse tipo de prosa mostrou-se uma ótima estratégia para escritores provinciais desejosos de consagração literária no

Rio de Janeiro (Abreu, 1998), evidenciando a circulação desses livros e sua receptividade no público do começo do século XX. Afonso Arinos, por exemplo, entrou para a Academia Brasileira de Letras (ABL) na esteira de obras como *Pelo sertão* e *Os jagunços* (ambas de 1898), comprovando a atração exercida por tal temática e seu lugar de destaque no mercado editorial do período.

Se as primeiras produções literárias sobre os espaços interiores do país delineavam um cenário romântico, marcado por sertanejos e índios em trânsito por um espaço estável e imbricado com o projeto de uma nação homogênea, a publicação de *Os sertões* em 1902 produziria verdadeira ruptura nessa forma de imaginação. Após o texto de Euclides da Cunha, os escritos sobre a região do Brasil Central passariam a destacar a vastidão desregulada desses espaços não civilizados e a precariedade de sua vida social, traduzindo certo argumento sociológico de grande ressonância no pensamento brasileiro (Lima, 1999). Formou-se, assim, um tipo de imaginação social que tomava o sertão como forma de falar das contradições de uma sociedade periférica, que não teria sido organizada a partir do mundo urbano e do liberalismo (Maia, 2008a). Isso explica, aliás, por que o Brasil Central seria entendido como o "outro" do Estado-nação, território a ser domado e racionalizado pela ação estatal.

Nesta seção, porém, interessam-me apenas dois textos literários mais focados na construção de uma imagética específica para o Brasil Central e para o Oeste. Refiro-me ao livro *Tropas e boiadas*, do escritor goiano Hugo Carvalho Ramos, e ao poema-épico *A voz do Oeste (romance poema da época das bandeiras)*, de Plínio Salgado. O primeiro é excelente exemplo da continuidade da tradição regionalista do "romance do Brasil Central", ou "literatura sertaneja", como preferem alguns críticos (Vicentini, 1998), assim classificado por retomar de forma explícita a filiação à linhagem de Bernardo Guimarães, autor de obras clássicas como *O ermitão de Muquém*, de 1858. O segundo é escritor do

Sudeste — e não do Brasil Central — vinculado ao modernismo paulista, o que permite aferir o estatuto imagético do Oeste numa produção literária associada a um projeto nacionalista ao mesmo tempo conservador e "renovador". Ambos nos permitem analisar aspectos mais sutis dessa construção literária do Brasil Central, além da constatação mais geral do lugar do sertão no pensamento brasileiro republicano, tema que perpassou todos os registros analisados nas três seções anteriores.

Carvalho Ramos (1895-1921) é talvez o mais conhecido autor associado ao "romance do Brasil Central". A primeira edição de *Tropas e boiadas* é de 1917 (editado pela Revista dos Tribunais), mas logo surge uma segunda edição em 1922, editada por Monteiro Lobato, uma terceira em 1938 e uma edição de suas *Obras completas* em 1950. Autor considerado menor, ainda assim seu livro mais famoso instituiu certos modos típicos de narrar o Brasil Central, dentro do registro tido como regionalista.

Seus contos e novelas combinam temáticas do mundo popular sertanejo — assombrações, histórias de duelos e ajustes de conta, amores etc. — e uma dicção marcadamente regional, numa tentativa de explorar formas de linguagem tidas como "típicas". Ao mesmo tempo, proliferam descrições poéticas da paisagem sertaneja, como no conto "Mágoa de vaqueiro":

> O sertão abria-se naquela manhã de junho festivo, na glória fecunda das ondulações verdes, sombreado aqui pelas restingas das matas, escalonando mais além pelas colinas aprumadas, a varar o céu azul com suas aguilhadas de ouro, bateúras e xenxéns chalravam nas embaúdas digitadas dos grotões [Ramos, 1997:10].

Ou como no clássico "Gente da gleba", uma de suas histórias mais conhecidas:

[...] e o miraculoso luar do sertão, tão límpido e sugestivo naquelas terras, entrava por toda parte, espancando penumbras, devassando meandros, coado aqui pela galharada das gameleiras, alastrando-se acolá sem mancha e sem obstáculo pela lhanura plana dos chapadões [Ramos, 1997:92].

Que conjunto de personagens compõe esse universo? Tropeiros, sertanejos, trabalhadores rurais e coronéis, que habitam grandes fazendas, vendinhas, estábulos e vilas. Percebe-se que esse Brasil Central aproxima-se mais do que se convencionou chamar de romance regional moderno dos anos 1930, com seu cortejo de personagens subalternos submetidos a duras condições de vida e de trabalho, do que do território de aventura e perigo retratado nos relatos de viagem. Se nestes a natureza majestosa predomina, e os desertos e os rios parecem obliterar os homens, em *Tropas e boiadas* emergem os homens livres e pobres da região, agora figurados a partir de seus códigos culturais, modos de falar e práticas de trabalho. Esse Brasil Central também surgirá com força nas narrativas estatais traduzidas na FBC, e seu apanhado de lendas e histórias do local configura um tipo de registro perceptível mesmo nos diários dos irmãos Villas Bôas, repletos de passagens romantizadas sobre o universo "pitoresco" dos sertanejos.

Contudo, há também outro veio da produção sobre o Brasil Central, representado pela obra *A voz do Oeste (romance-poema da época das bandeiras)*, escrita por Plínio Salgado (1934). Se obras como *Tropas e boiadas* e *Ermos e gerais* configuram uma perspectiva que combina folclorismo e regionalismo, a obra do então célebre modernista-integralista caracteriza-se como uma verdadeira fábula sobre o lugar do Oeste — novamente, intercambiável com Brasil Central — na projeção da nação brasileira.

Ao retratar a saga de uma antiga bandeira paulista, com seu universo de brutais colonizadores portugueses, valorosos e sábios índios e escravos, Salgado amarra sua história épica ao destino que essa porção de espaço ocuparia no futuro brasileiro. A "voz do Oeste" seria, portanto, o "chamamento da Terra", o "ímpeto irresistível" que jogaria o país na direção oriental. Segundo o autor, essa voz teria se manifestado três vezes: nas bandeiras, na guerra do Paraguai e na Coluna Prestes.

A trama se passa em 1603 e envolve o fidalgo dom Gonçalo Eanes, o mameluco Martinho e o índio Antônio, que partem numa bandeira para os sertões orientais do país, onde se perdem e deliram. A história é confusa, e Salgado a interrompe com longas anotações históricas e comentários sobre o sentido do Oeste na civilização brasileira. Messianismo português e lendas tupis são misturados para dar conta da força exercida pela terra sobre os homens de ação que fizeram o país, como na seguinte passagem: "O homem que surge do cruzamento étnico do Encoberto e da Voz do Oeste é bem o homem livre e forte da Renascença. A Europa não conheceu esse homem. Foi a América que o revelou" (Salgado, 1934:121).

Salgado atribui ao encontro entre indígenas e portugueses renascentistas a possibilidade de fortificar o tradicional messianismo luso, afastando o estigma de decadência que o assombraria. O Oeste, portanto, não seria Mato Grosso ou Goiás, mas um indefinido sertão que exerceria atração magnética sobre os homens. Ao descrever as desventuras das bandeiras e, em especial, a perdição do trio Gonçalo-Martinho-Antônio, Salgado escreve: "Tudo o que existe de superior e de nobre, nos homens, está voltado para o Desconhecido. Não é possível amar até ao delírio as coisas completamente conhecidas" (Salgado, 1934:235).

Esse tipo de descrição é constante ao longo da obra, contribuindo para fabular um sertão marcado pela indefinição de seus limites e por seu aspecto místico. No capítulo XIV, por exemplo, podem-se ler passagens como: "Onde começava, onde terminava o sertão? A Bandeira podia caminhar em todos os rumos: encontraria sempre os panoramas desdobrando-se nos continentes sem fim" (Salgado, 1934:178); "Todo vestido de verde, parece um rei maravilhoso, sentado no trono azul dos horizontes infinitos" (Salgado, 1934:178); "O sertão está sentando num trono de azul e prata. Azul do céu, das cordilheiras; prata das nuvens, espuma das quedas d'água" (Salgado, 1934:178).

Esse tipo de registro sobre o Oeste e os sertões centrais do Brasil estaria presente também na obra de Cassiano Ricardo e outros seduzidos pela tradução conservadora e nacionalista do modernismo. É uma literatura produzida fora das regiões que seriam objetos da ação estatal, configurando-se como uma narrativa que toma esse espaço indefinido a partir de um ponto de vista externo a ele, localizando-o dentro de uma mística missão nacional. Nisso difere dos trabalhos de Carvalho Ramos, produzidos com base em uma perspectiva provincial, interessada em dar registro erudito aos costumes e práticas locais.

Como se verá, porém, essas perspectivas se mesclariam nos registros burocráticos. O Brasil Central como destino místico da civilização brasileira seria a mesma região habitada por vaqueiros e lendas sertanejas.

## As linguagens da invenção do Brasil Central

Qual é o saldo final deste vasto repertório cultural, composto de linguagens diversas produzidas em contextos específicos? Gostaria de finalizar esta seção destacando três aspectos que me parecem centrais para a compreensão não apenas desse gigantesco material, mas das próprias práticas estatais alavancadas pelo trabalho da FBC: (a) a ausência de definição precisa dos limites do que seria o Brasil Central como região. O termo era usado por geógrafos e outros pensadores, mas sem um sentido preciso e sendo muitas vezes intercambiável com "Oeste". Essa indefinição combinava-se com um retrato seletivo da região, que destaca os seguintes objetos e personagens: as terras desmedidas e vastas, os rios como artérias que fazem o território, o nomadismo e a pobreza de caboclos e sertanejos, os índios como problema a ser tratado e a dinâmica movente e instável do espaço; (b) a consagração de um olhar geopolítico e colonial sobre o próprio espaço interno do país; (c) a produção de uma estética da "aventura", que incorpora temas e modos de narração típicos dos relatos de viagem, configurando uma forma de dizer o Brasil Central que mostraria extraordinária persistência.

É importante ressaltar que o repertório cultural não forma um arranjo coerente de valores e crenças, mas um grande conjunto mais ou menos fragmentado de textos. Os itens acima aparecem de maneira mais ou menos explícita nas linguagens analisadas, e muitas delas abrigam mais de um item. Por exemplo, os relatos de viagem escritos pelos jovens filhos da elite paulista dos anos 1930 combinam olhar colonial e estética da aventura. A separação das linguagens visou ressaltar os aspectos mais significativos de cada uma, num movimento analítico que buscava maior clareza de leitura.

Trata-se agora de desvendar como esse repertório constituiu não apenas modos de dizer o Brasil, mas de fazê-lo de forma prática. Ou seja, é necessário retornar ao coração da FBC, analisando o material primário que nos permita aquilatar as lógicas da ação estatal, sua linguagem, seus modos de operação. Espero, ao final, demonstrar que esse repertório moldou de forma decisiva essas práticas.

# 4

## As ideias que fazem o Estado andar

Se o capítulo anterior dá ao leitor uma boa medida da vastidão do repertório cultural associado ao Brasil Central, trata-se agora de entender a relação entre essa coleção fragmentada de textos e discursos e as práticas estatais da FBC. Neste capítulo, mostro como se deu essa conexão, analisando os discursos burocráticos produzidos pela atividade incessante dos funcionários da FBC. Para tanto, tomo como material de análise relatórios, cartas, correspondências, projetos e demais exemplos de cognição burocrática que me permitam captar a dinâmica cultural do Estado em marcha.

Ao mesmo tempo, apresento alguns dos principais eventos relacionados à história inicial da FBC, combinando uma organização temática do texto com uma narrativa histórica, que destaque as mudanças e os desafios enfrentados pela Fundação ao longo de seu primeiro momento.

O capítulo tem três seções, uma para cada tipo de linguagem analisada no capítulo anterior. Inicio com uma análise das qualidades mais frequentemente associadas ao Brasil Central: a indefinição de seus limites, o nomadismo de suas gentes e sua dinâmica fluvial e movente. Em seguida, mostro como o olhar geopolítico e colonial foi mobilizado pelas redes da FBC para não apenas descrever e controlar, mas na realidade *inventar* o próprio espaço de sua atuação. Finalmente, explico como a estética do neobandeirantismo combinou romantismo e exotismo para consagrar uma forma peculiar de narrar esse espaço inventado.

## O Brasil Central como espaço indefinido e movediço

O decreto que instituiu a FBC mencionava as regiões do "Brasil Central e Oriental" como as áreas de atuação da Fundação. Essas regiões, na verdade, não tinham delimitação precisa e clara, e o próprio debate geográfico analisado no capítulo anterior é evidência da dificuldade dos agentes do Estado de circunscrever de forma clara o que seria esse imenso território. Essa indefinição marcou de forma decisiva as práticas estatais da FBC, permitindo a seus agentes estender de forma indefinida o escopo da autoridade estatal sobre o território nacional.

Comecemos com as próprias publicações oficiais da FBC, lançadas como separatas na revista *Observador Econômico*, uma publicação sob responsabilidade do empresário Valentim Bouças. A revista tinha sempre a mesma capa: um mapa do Brasil em branco, com desenhos de plantas típicas e figuras que representariam a região, tudo demarcado por linhas que simbolizavam tanto os avanços da ERX quanto as fronteiras do território. Na contracapa da revista era explicada a natureza de tal desenho:

> A capa deste trabalho, com o mapa do Brasil tendo em "grise" a zona que se pode considerar como o BRASIL CENTRAL, é mais uma alegoria do artista que a concebeu do que verdadeiramente um delineamento correto dessa zona, que não comporta delimitação precisa. A linha cheia é o caminho de penetração partindo do Rio e São Paulo, representado pe-

las estradas de ferro Central e Mogiana até Uberlândia, no Triângulo Mineiro, e estrada de rodagem até Aragarças e, em construção, até à Base do Rio das Mortes. Daí continua, constituindo a marcha próxima da Expedição Roncador--Xingu, em direção aos Rios Xingu e Tapajós, no Estado do Pará, e Canumã, no Estado do Amazonas.[30]

Essa imprecisão era atestada pelo próprio presidente da FBC. Na mesma revista, edição de número 3, João Alberto conferia longa entrevista em que procurava apresentar sua visão sobre a região e justificar os vastos empreendimentos da Fundação. Intitulado "Desbravando o Planalto Central além da serra do Roncador", o artigo era transcrição de entrevista dada ao *Jornal do Brasil*. Nela, o então presidente afirmava:

> Não podemos dar informações muito detalhadas sobre a natureza do solo das cabeceiras do Xingu e do Tapajós. Aí se encontra a grande área desconhecida que constitui o objeto primordial dos trabalhos da Fundação, extensão de terra de mais de 500.000 quilômetros quadrados, que representa talvez a maior área desconhecida do globo. Sobre tão vasto território descansam os limites da Fundação Brasil Central, cuja extensão não se acha ainda claramente estabelecida.[31]

Na mesma entrevista, João Alberto enumera as propriedades desse vasto território de proporções indefinidas. Seu personagem principal é o "garimpeiro", descrito pelo entrevistado como "essencialmente nômade",[32] e as motivações desses homens não seriam o trabalho fixo e regular, mas o lucro fácil e a vida errante: "Todos trazem na imaginação o sonho de encontrar, um dia,

---

[30] Cpdoc, JA, 1945.02.00.
[31] AN, PAR, caixa 16, pasta 2, p. 10-11.
[32] Ibid.

uma pedra grande, um diamante de muitos quilates, que lhes dê fortuna e independência. E passam a vida correndo atrás dessa fantasia".[33]

João Alberto também fala sobre a irracionalidade da vida econômica local, baseada numa economia da escassez na qual predominam os atravessadores e os especuladores. Além disso, destaca o predomínio da pecuária extensiva e da falta de racionalização desse empreendimento, ecoando os clássicos estudos geográficos feitos sobre a região, como os de Werneck Sodré e Júlio Paternostro, entre outros. Trata-se da rotinização de uma clássica linguagem sobre o Oeste-Brasil Central, espaço marcado pela combinação entre vastidão e escassez, onde a vida social seria supostamente pouco complexa.

Além de publicações oficiais, outras fontes, como relatórios internos, também evidenciam essa indefinição do território do Brasil Central. Em um desses documentos, escrito em inglês e intitulado *Central Brazil Foundation: what it is, what it does, what it plans*, o então secretário-geral da FBC, Artur Hehl Neiva escreve: "O domínio da Fundação não tem área definida, a lei apenas estabelece que suas atividades devem ser executadas no centro e no oeste do Brasil. Essa área possui mais de 5 milhões de quilômetros quadrados"[34] (trad. livre).

Ora, uma área indefinida implicava também uma infinita possibilidade de extração de recursos. Assim, pode-se ler no mesmo relatório:

> O alcance das atividades abertas ao capital privado na área da Fundação é virtualmente ilimitado, cobrindo tudo desde extração de recursos minerais e outros recursos materiais, até indústrias pesadas (especialmente usinas de cimento e outros

---
[33] Ibid.
[34] Cpdoc, AHN, AHN 44.021.20 ap.

materiais de construção), manufaturas várias, transporte e distribuição.³⁵

Essa percepção de um espaço desconhecido, tão vasto que resistia à própria definição, articulava-se à ideia de que o sistema fluvial seria o principal marcador físico dessas áreas. Em parte do discurso burocrático analisado nota-se a frequência com que os rios transformam-se em propriedades definidoras desse espaço fabulado pelo Estado. Assim, em outra edição da revista *Observador Econômico*, lê-se a seguinte abertura do artigo "De Aragarças à Manaus": "[...] o centro do Brasil, aproximadamente a região atingida pela margem esquerda do Araguaia, altos Xingu, Tapajós, Paraguai, S. Lourenço etc., continuou sendo uma região que resiste ao desbravamento, faltando-lhe uma ligação fácil entre as redes fluviais de primeira ordem".³⁶

Note-se o uso de vocábulos que denotam imprecisão — "aproximadamente", "etc." — num tipo de registro em que se espera clareza e precisão. Do mesmo modo, percebe-se a ênfase na dinâmica dos rios como eixos fundamentais desse espaço, fato que se repete em numerosos documentos, quase todos mencionando Couto de Magalhães como argumento de autoridade. Seu livro *Viagem ao Araguaya* era indissociável de qualquer descrição da região, espécie de fonte fidedigna para as ações estatais. Em um relatório escrito em 1943, por exemplo, o tenente coronel João Costa Palmeira, enviado da CME à região do Tocantins-Araguaia, afirma: "Brilhantes relatórios são expostos aos governos, de cuja ação apenas Couto de Magalhães deixa sinais imorredouros pelo espírito prático e pela coragem empreendedora que sempre demonstrou".³⁷ O mesmo documento chega

---
³⁵ Ibid., p. 6.
³⁶ AN, PAR, caixa 16, pasta 2, p. 7.
³⁷ ANB, FBC, caixa 16, Transporte fluvial. Relatório sobre a navegação fluvial nos rios Tocantins e Araguaia 1943.

a empregar expressões como "No tempo do general Couto de Magalhães" como indicação segura para narrar a história fluvial da região. A passagem mais surpreendente, porém, é aquela em que o autor do relatório defende como prioridade a realização de melhoramentos no Tocantins em detrimento da exploração da navegação no Araguaia, essa última tese defendida com ardor por Couto de Magalhães em seu famoso livro. Quase uma página inteira do relatório é dedicada a apresentar a tese de Couto, evidenciando a dimensão de autoridade conferida a um livro de viagem escrito na década de 1860! Ao terminar seu arrazoado, Palmeira ainda afirma, para que não restem dúvidas sobre o estatuto do autor de *Viagem ao Araguaya* na economia discursiva do relatório: "Vivo fosse o general Couto de Magalhães, e seria o primeiro a reconhecer que as circunstâncias atuais mudaram radicalmente a situação e seu espírito prático já teria indicado novos rumos".[38]

Não era incomum, aliás, que os relatórios sobre navegação na região contivessem uma bibliografia pertinente, na qual em geral pontificava o texto clássico de Couto de Magalhães, além de outros livros mencionados no capítulo anterior, entre os quais o relato de Ignacio Moura sobre sua viagem pelo Tocantins e o livro de Alfred Russel Wallace sobre suas viagens ao Amazonas. É o caso, por exemplo, do relatório sobre a região escrito pelo comandante Júlio Brígido Sobrinho, também por conta de atividades ainda da CME.[39]

Voltando ao ponto relativo à indefinição sobre a extensão do que seria o Brasil Central, é interessante notar como tal falta de precisão caracterizava até os mais simples documentos e decretos públicos. Veja-se, por exemplo, a Lei nº 401, de 23 de setem-

---

[38] Ibid.
[39] ANB, FBC, caixa 19, Transporte fluvial.

bro de 1948, que dispunha sobre o tempo de aposentadoria dos funcionários da FBC e da ERX:

> Dispõe sobre contagem de tempo de serviço prestado por oficiais, praças ou funcionários públicos à Expedição Roncador-Xingu.
>
> O Presidente da República
> Faço saber que o Congresso Nacional decreta e eu sanciono a seguinte Lei:
> Artigo 1º. É contado, em dobro, para fins de promoção, reforma ou aposentadoria, o tempo de serviço prestado por oficiais, praças ou funcionários públicos, à Expedição Roncador-Xingu.
> § 1º. Essa vantagem será concedida àqueles que, efetivamente, se hajam internado ou venham a internar-se no sertão pelo prazo em que, realmente, permanecem nessa situação.
> § 2º. Os ministérios interessados fixarão qual a zona que deverá ser considerada "Sertão", referida no parágrafo anterior.
> Artigo 2º. Revogam-se as disposições em contrário.

É tarefa para burocratas, portanto, definir o que seria o sertão. Do mesmo modo, é uma empreitada para os agentes estatais delimitar o Brasil Central, esse objeto que parecia ser criado à medida que era percorrido pela máquina administrativa. Ainda em 1946, a tentativa de passar a limpo o legado da ditadura estado-novista motivou um requerimento do então deputado Café Filho sobre as atividades da FBC (Telles, 1946). A primeira pergunta era: "Qual a área entregue à Fundação Brasil Central, notadamente no Vale do Araguaia e no divisor de águas das bacias amazônica e platina? Por via de que dispositivo legal foi cedida tão considerável superfície do centro do país?" (Telles, 1946:171). É interessante notar que, na própria resposta, publicada na revista *Diretrizes*, o representante da FBC afirma: "Quanto à área entregue, a que se refere Sua Excelência, não é possível calculá-la" (Telles, 1946:172). Entre as causas para tal impossibilidade estaria

a reconhecida insuficiência e imprecisão dos dados cartográficos relativos às remotas paragens do nosso sertão, que ainda não pôde ser levantado e, em virtude de nunca haver sido percorrido completamente, constituindo hoje ainda a maior área desconhecida do globo [Telles, 1946:172].

É certo que Carlos Telles, autor de numerosas denúncias contra a FBC e contra João Alberto, atribui esse suposto desconhecimento a um mero estratagema de ocultação de esquemas de apropriação indébita. Mesmo assim, vale notar como a argumentação recorre às clássicas imagens do território indefinido, supostamente "a maior área desconhecida do globo". A indefinição, aliás, continuou mesmo na fase pós-João Alberto. Já em julho de 1948, durante a curta gestão de Viçoso Jardim, este escreve uma longa carta ao general Dutra, então presidente da República, expondo suas opiniões sobre os problemas da FBC e suas perspectivas para o futuro.[40] Na seção intitulada "O território do Brasil Central", Jardim sugere que uma forma de melhor rotinizar a atuação da Fundação seria a criação de um território com esse nome. Isso daria maior segurança à FBC, que muito dependia do poder pessoal de João Alberto, e no momento se via envolvida em numerosos litígios com autoridades locais de Goiás e Mato Grosso.

A proposta foi levada adiante, e um projeto delineado por Océlio de Medeiros, membro do Conselho Diretor da FBC, foi apresentado durante a sessão desse conselho em 23 de fevereiro

---

[40] ANB, FBC, caixa 14, Administração e correspondências, projetos de leis, decretos e recortes sobre a localização da sede administrativa da FBC. Data-limite: 1948-1960.

de 1948. O primeiro artigo instituía o "Governo Territorial do Brasil Central", com sede em Aragarças, e o segundo mencionava que os estados deveriam ceder por 50 anos, sem indenização, território para o governo do Brasil Central. Note-se que o decreto não contempla uma definição geográfica precisa do espaço desse território, limitando-se a mencionar "a área de operações da Fundação Brasil Central" (Medeiros, 1948). A proposta propunha a criação do cargo de governador, que seria também o presidente da Fundação Brasil Central. No campo das justificativas, Medeiros tentou ser cuidadoso ao tratar da relação entre esse "governo" do Brasil Central e as autoridades estaduais, enfatizando que "cessão" não significaria alienação completa da propriedade de terras. Como se vê, estava ciente dos numerosos problemas que a FBC teve em seus primeiros anos pós-Estado Novo com os agentes locais.

A indefinição sobre o território de atuação da FBC continuou também na gestão do general Borges Fortes, que substituiu Viçoso Jardim na segunda metade de 1948. A partir de então, tentou se estabelecer um maior foco nas atividades realizadas, que seriam basicamente voltadas para a exploração de rotas aéreas e a abertura de campos de pouso. Com o auxílio do brigadeiro Eduardo Gomes, então diretor de Rotas Aéreas, seria dada grande ênfase à dimensão "aeroespacial" das atividades da FBC. No começo de 1948, Eduardo Gomes já manifestara que interessava ao Ministério da Aeronáutica a abertura de uma rota entre Aragarças e Manaus, e que, para tanto, a ERX, agora orientada para o trajeto Xingu-Tapajós, deveria abrir caminho pela floresta até a região de Coletoria, no Pará.[41]

Na verdade, desde os primeiros meses de 1947 o exato caminho da vanguarda da expedição encontrava-se indefinido,

---

[41] MI, rolo 393, fotograma 00000045. Expedição Roncador-Xingu, mapas; código 781,6. IR — 00, posto — 555, planilha — 017.

embora estivesse clara a rota Xingu-Tapajós. João Alberto deixou a presidência da FBC no começo desse ano, e num curto período de tempo o órgão seria presidido por Manoel Ferreira. Essa confusa transição, natural num momento de passagem de uma ditadura para uma ordem constitucional liberal, gerou certa confusão nas ordens e nos próprios projetos da FBC. O estado de indecisão geral é descrito no diário dos irmãos Villas Bôas publicados em *A marcha para o Oeste*. Eram cada vez mais frequentes as entradas do diário que registram as ausências do coronel Vanique, que só retornaria em definitivo no final de 1947, pregando a necessidade de redução do pessoal e a inclusão da FBC no Plano de Valorização Amazônica. Foi naquele contexto de indecisão que houve a troca de comando e o maior direcionamento aeronáutico das atividades da FBC, o que impactaria decisivamente sua vanguarda, a ERX.

A ordem do Conselho Diretor da Fundação estabelecia os seguintes objetivos a serem seguidos a partir de março de 1948: (a) colonização e ocupação definitiva do território desbravado pela expedição, com construção de estrada entre Aragarças e Xavantina e distribuição de terras marginais para exploração; (b) Penetração Xingu-Tapajós.[42] Mencionam-se também o fim da ERX e a rota a ser seguida para a próxima penetração: o caminho mais curto entre o rio Manitsauá Missú e os afluentes do Teles Pires. A chefia imediata seria dada aos irmãos Villas Bôas, enquanto Vanique seria o chefe geral. Ao que tudo indica, essa ordem pretendia sanar os conflitos de autoridade entre os irmãos e o ex-chefe da guarda pessoal de Getúlio, que atrapalhavam o andamento da expedição.

Vanique, entretanto, continuou insistindo em alternativas. Depois de realizar voos acompanhado de outros membros da vanguarda, como o engenheiro Frederico Hoepken, escreveu em junho de 1948 ao presidente Viçoso Jardim propondo três pos-

---

[42] MI, rolo 393, fotograma 00000048. Expedição Roncador-Xingu, mapas; código 781,6. IR — 00, posto — 555, planilha — 017.

sibilidades diferentes: uma envolvendo o transporte do pessoal em um avião Catalina, outra sugerindo o transporte de avião até Cuiabá, para então se organizar a base de abastecimento para a demanda do Teles Pires, e outra seguindo os rios Ronuro, Ferro e Von den Steinen.[43] Note-se a forma como na própria tessitura interna desse simples texto burocrático surgem as formas clássicas de narrar o vasto espaço do Brasil Central:

> Pelo que nos foi dado observar e medir nesses dois percursos, podemos afirmar ser toda essa região coberta de interminável floresta em que se perde a imaginação humana, entremeada de rios e brejais enormes, apresentando as características de terrenos baixos e alagadiços dentro do deserto verde, de longe em longe pontilhado de montes e serrotes, que simplesmente constituem a Serra Formosa.[44]

Leem-se nessa passagem tanto a cognição aérea do espaço, presente no registro de Lysia Rodrigues sobre o Tocantins (que incorporaria uma nova forma de narrar o território do Brasil Central), quanto o destaque conferido às extensões ilimitadas da região, "em que se perde a imaginação humana". Viçoso Jardim, contudo, não se comove e rejeita as alternativas apresentadas, insistindo na exploração do Teles Pires e na subida via Xingu, com a construção do campo de pouso.[45]

Em resposta às polêmicas que envolviam o tema, o relator da Comissão de Legislação, Programas e Projetos, Césario de Melo, escreveu um longo parecer (o Parecer nº 20), datado de 14 de junho de 1948, no qual reafirma a chefia imediata dos irmãos Villas Bôas e o caminho a ser seguido pela nova expedição

---

[43] MI, rolo 393, fotograma 00000230. Código 012.3, Fundação Brasil Central, Expedição Roncador-Xingu — levantamento geográfico da região, mapas. Relatório de 1º de junho de 1948. IR — 00, posto — 555, planilha — 017.
[44] Idem, fotograma 00000231.
[45] Idem, fotograma 0000215. Relatório de 8 de junho de 1948.

Xingu-Tapajós. Ao criticar outras possíveis rotas oferecidas no relatório de Vanique, o relator escreve:

[...] uma expedição que partisse de Cuiabá ou proximidades, demandando o Posto da Fundação, por terra, em direção ao Teles Pires, ou passando por Porto Caneco rumo ao Peixoto de Azevedo para atingir a região que se pretende explorar, iria encontrar imensos obstáculos, porquanto a floresta que domina naquelas paragens é a mesma misteriosa e impenetrável. Descer qualquer desses formadores do Tapajós, partindo das proximidades de suas cabeceiras seria repetir as façanhas dos velhos sertanistas, entre eles o sargento-mor Souza Azevedo (1746), o furriel Manoel Gomes dos Santos (1805), Antonio da França, Miguel João de Castro (1812), Capitão Bento Miranda (1814), Tenente de Milicianos Antonio Peixoto de Azevedo (1820) e inúmeros outros que foram a Belém, seguindo principalmente o curso do Arinos, Juruena e Tapajós.[46]

Em primeiro lugar, vê-se na passagem acima como o relator qualifica a região da selva — misteriosa e impenetrável —, consagrando em um argumento burocrático uma visão encantada do espaço do Brasil Central, fartamente disseminada na literatura analisada na seção anterior. Além disso, ressalte-se a forma como a própria escolha do caminho a ser trilhado deveria contemplar uma "descoberta" que não repetisse outras aventuras já realizadas. Novamente o bandeirantismo é consagrado como fonte de autoridade e conhecimento sobre a região.

Na página seguinte de seu extenso relato, Cesário escreve ainda:

---

[46] MI, rolo 302, fotograma 000222. Fundo SPI/FBC, IR (inspetoria) — 00, COD (posto) — 555, PLAN (planilha) — 001. Comissão de Legislação, Programas e Projetos. Parecer nº 20.

A finalidade prática da Expedição é explorar a região compreendida entre os dois grandes rios, nas proximidades da linha divisória interestadual (Mato Grosso-Pará), isto é, a imensa faixa de terra coberta de florestas seculares, onde o homem civilizado ainda não penetrou, e cujas possibilidades econômicas precisam ser aproveitadas.

Abrir uma via de acesso até o coração desta região desconhecida para iniciar o seu povoamento e incorporá-la à civilização brasileira é o objetivo precípuo da Fundação. O que se deve, pois, fazer sem demora é procurar caminho por terra e por água, com o auxílio da aviação, que, reconhecendo o terreno, nos ensinará qual o melhor caminho a seguir.[47]

Como se vê, o Brasil Central nessa formulação vai ser resumido à região delimitada entre Mato Grosso e Pará, sem maiores informações sobre latitudes ou longitudes. Mais uma vez, o instrumento de delimitação do território é o próprio movimento do Estado pela área, por intermédio da aviação, que, "reconhecendo o terreno, nos ensinará qual o melhor caminho a seguir". Trata-se de uma indefinição que permite à FBC praticamente inventar a região à medida que a percorre. Em seu livro-denúncia, Carlos Telles (1946) argumentaria que essa indefinição interessava aos dirigentes da Fundação, pois lhes permitia a apropriação de terras sem grandes contestações. Refere-se especialmente às negociações envolvendo a cessão de terras devolutas no estado do Amazonas, ocasião na qual teria sido ocultada do público a real dimensão da área cedida, dado seu gigantismo. Motivada ou não por interesses escusos, parece claro que a indefinição da região tinha origem na própria imaginação hegemônica sobre os espaços interiores do Brasil, que formavam o repertório cultural mobilizado por esses homens.

---
[47] Idem, fotograma 000223.

## O olhar geopolítico

Indefinido e vazio, povoado por personagens nômades incapazes de vida econômica racional, o Brasil Central tornou-se também objeto de imaginação geopolítica nas práticas estatais da FBC. Desde o início de suas atividades, seus principais agentes mobilizavam o repertório cultural disponível para transformar a região numa espécie de colônia interna do Estado brasileiro, destacando sempre a necessidade de integrar esse território à lógica de desenvolvimento nacional.

Um primeiro exemplo dessa linguagem está presente num grande relatório sem autoria disponível nos arquivos privados de João Alberto. Contendo 80 páginas e um texto datilografado repleto de correções e sobrescritos, o relatório apresenta a região do Brasil Central e o programa de atuação da FBC. O texto foi provavelmente escrito no final de 1944, por conter referências a atividades realizadas apenas nesse ano e em 1943. E o autor do relatório — possivelmente Hehl Neiva, que tinha larga experiência em assuntos migratórios e a essa altura trabalhava na secretaria-geral da FBC — afirma, numa seção do texto dedicado à análise do problema do povoamento na região:

> Outros países, não dispondo de novas possibilidades, têm se empenhado num programa análogo, muitas vezes empregando a violência para criar colônias que lhes completem a economia, em terras distantes e regiões insalubres. Nós, ao menos, temos a felicidade de poder resolver esse problema dentro do nosso próprio território.[48]

O argumento acima é característico da linguagem geopolítica analisada no capítulo anterior, em especial aquela trabalhada

---
[48] Cpdoc, JA, JAap pfbc 1946.01.12.

na obra de Mário Travassos. O espaço interno da nação é pensado em termos estratégicos, como uma reserva de poder e valor para o fortalecimento do país. A referência aos outros países que empregam violência para criar colônias é dirigida aos casos alemão e japonês, usualmente vistos na época como potências imperialistas que poderiam ameaçar os "espaços vazios" brasileiros para saciar seus desejos de crescimento.

Outro aspecto interessante da passagem anterior é a explícita analogia com a ideia de "colônia", que parecia se ajustar perfeitamente à posição do Brasil Central em relação ao Estado brasileiro nas práticas estatais da FBC. Essa percepção já havia sido claramente articulada pelo próprio Hehl Neiva em carta a João Alberto, escrita antes mesmo da criação efetiva da Fundação, quando ambos discutiam o possível estatuto jurídico-político do órgão. Nesse relatório reservado, datado de 15 de outubro de 1943, Hehl Neiva expõe a complexidade do problema e justifica:

> Isto se deve, especialmente, à situação *sui generis* do problema, que só foi resolvido com toda sua plenitude em outros países, colonizadores, como a Holanda dos séculos XVI e XVII, com suas Companhias das Índias Ocidentais e Orientais, as *Royal Chartered Companies* inglesas, dos tempos dos Tudor e dos Stuarts, entre elas a da *Hudson Bay Company*, e finalmente as grandes companhias francesas colonizadoras do século XVIII, das quais pode ser tomada como paradigma a da Louisiana[49] [grifos do original].

A construção do Brasil Central como uma região colonial era acompanhada por outro típico recurso da linguagem geopolítica, que era a caracterização do espaço interno da nação como

---
[49] ANB, FBC, caixa 41, Estatuto. Projeto dos estatutos da FBC elaborado pela Fontec-RJ 1943/66.

amorfo, irregular e povoado de forma espontânea e assimétrica. Voltando ao relatório anônimo de 1944, pode-se ler:

> O povoamento do Brasil deu-se num sentido desordenado. A mineração, que foi a razão fundamental da ocupação do interior, criou centros populosos em regiões desaconselháveis, pelas más condições de salubridade, pela dificuldade de transportes e pela deficiência de produção. Esgotada a terra do ouro ou pedras preciosas, ficaram os lugarejos mal construídos se arrastando numa luta desigual pela existência e sugando, para se manterem, o imposto do município inteiro, de que eles se constituíram em sedes. A política local, nos velhos moldes, se encarregou de oficializar muitos destes erros, desviando as linhas de comunicação de seu traçado normal para atravessar essas cidades.[50]

A esse diagnóstico de um desordenado povoamento associou-se a clássica visão da região como um cenário de ruínas e degradação, como se todos os esforços anteriores de domá--la não tivessem produzido mais do que escombros. A visão das ruínas deixadas pelo processo civilizador no Brasil Central era um motivo constante nos relatos de viagem escritos ao longo do século XIX, constituindo um tema recorrente também na cognição burocrática. Assim, é possível ler, ainda na seção sobre povoamento: "Cidades em outras épocas bem prósperas permanecem estacionárias ou caem em ruínas, vencidas pelo desânimo e dando o aspecto de retrogradação de um século de civilização".[51] Diante desse quadro, a solução proposta é a clássica sustentada nos ensaios geográficos e geopolíticos analisados anteriormente: o emprego de uma racionalidade estatal para retificar o territó-

---

[50] Cpdoc, JA, JAap, pfbc, 1946.01.12.
[51] Ibid., p. 32.

rio, ou, como diz o autor do relatório: "A formação de uma cadeia de pequenas cidades bem localizadas, dentro de um plano de transportes servindo cada uma a sua região, com condições favoráveis à vida moderna, é indispensável para o desenvolvimento do interior do Brasil".[52]

Em seguida, o citado relatório expõe um verdadeiro rosário de deficiências da população local, ao estilo dos trabalhos geográficos e dos relatórios científicos que descreviam um cenário marcado por doenças e pela fraca vida social nessa região, justificando portanto o vigor e a ambição da utopia administrativa encabeçada pela FBC:

> No que se refere ao interior remoto do país, as condições locais são quase alarmantes. Os poucos povoados que se encontram distantes uns dos outros, de centenas de quilômetros, reúnem uma reduzida e pobre população. As profissões liberais são fracamente representadas. Médicos, advogados, dentistas, farmacêuticos, professores, reunidos não somam uma dezena. Nenhuma indústria e o artesanato se limitando a remendos. Uma população pobre e parasita se reúne nessas vilas constituindo sua manutenção um verdadeiro mistério de economia, tal o reduzido índice de trabalho local.[53]

A proposição da criação de núcleos agrícolas coloniais na região era decorrência natural dessa linguagem, pois esses núcleos são encarados como manchas civilizadoras, dispostas racionalmente ao longo dos "vazios" do território por uma racionalidade administrativa. No mesmo relatório, pode-se ler: "Não constituindo verdadeiramente zona agrícola, o Brasil Central, mercê de sua enorme extensão territorial, dispõe de manchas de terras

---

[52] Ibid., p. 35.
[53] Ibid., p. 38.

excepcionalmente férteis, de modo a permitir uma exploração agrícola intensiva, com a formação de núcleos coloniais".[54] Alvo dessas experimentações estatais, caboclos e agricultores que já trabalhavam na região também são codificados como objeto dessa utopia administrativa de corte colonial, que visava moldar esses homens como civilizados agricultores modernos. Assim, as colônias planejadas incluíam estações de pesquisa, escolas e outros dispositivos para a realização desse projeto. No dizer do anônimo autor:

> Inimigo das inovações, só com algum esforço e uma certa educação o homem do interior se decide a fazer outras culturas. Esta aprendizagem [riscado] educação ele adquire nas estações experimentais dos núcleos. Os rudimentos de agricultura prática obtidos no trabalho diário nas granjas da Fundação, que são verdadeiras estações experimentais, são da maior importância para a vida econômica do interior. [...]. É um erro julgar que, pelo fato de viver no interior longínquo do país, o colono do Brasil Central não carece de conhecimentos técnicos, de agricultura [riscado].[55]

A linguagem geopolítica que transformava o espaço interior do Brasil numa região quase colonial do Estado nacional não se limitava ao âmbito dos discursos e dos relatórios. Ao se traduzir em práticas estatais concretas, que envolviam agentes estatais e população local, o resultado produzido era conflituoso, motivando contendas em torno de propriedade de terra e abusos sistemáticos na relação com setores subalternos. Vejamos exemplos disso.

---

[54] Ibid., p. 39.
[55] Ibid., p. 21-22.

Graças à própria estrutura político-administrativa centralizadora do Estado Novo, a FBC conseguia "convencer" os interventores estaduais a ceder vastas porções de terras em suas jurisdições para o controle da Fundação, com o objetivo de realizar esse vasto programa de estações agrícolas, centros de tecnologia rural e escolas rurais. Esse empreendimento era facilitado pelo Decreto-Lei nº 7.561, de 18 de maio de 1945, que alterava um decreto anterior de 1939. Esse novo decreto permitia que os estados cedessem à FBC áreas superiores a 500 hectares sem necessidade de autorização prévia do governo federal, o que certamente tornava o trâmite muito mais rápido.

Veja-se, por exemplo, o decreto emitido pelo interventor do Pará em 1945, disponível no arquivo de Paulo de Assis Ribeiro. Nele, o interventor cede vastas porções do território paraense à FBC, entre as quais terras ao longo da margem esquerda do Tocantins até a confluência com o Araguaia, e daí em diante ao longo da margem esquerda desse último rio até as fronteiras do estado com o Mato Grosso. Incluía também terras nas margens do rio Telles Pires nos limites desses dois estados até a confluência com Juruena, além de terras na margem esquerda do Tapajós.[56]

O artigo quarto do decreto reservava ao Estado o direito de exploração de impostos e rendas da terra, e o quinto sustentava que caberia à FBC respeitar os direitos dos posseiros, promovendo "oportunamente" as demarcações nas áreas cedidas. Entretanto, o artigo sétimo facultava à FBC o direito de desapropriar todas as terras necessárias ou úteis para realização de seus objetivos, se houvesse "necessidade de utilidade pública".

Um ofício reservado, escrito por Hehl Neiva em 26 de novembro de 1945,[57] atesta a facilidade dos agentes da FBC no trato com os poderes locais. Nesse texto, Neiva narra a João Al-

---

[56] AN, PAR, caixa 16, pasta 6, p. 2-3.
[57] AN, PAR, caixa 16, pasta 6, Relatório sobre a obtenção de terras para a Fundação Brasil Central no estado do Amazonas.

berto os resultados de sua missão no estado de Amazonas, para onde fora enviado com o intuito de obter terras devolutas para a Fundação. Ele chega ao estado em 29 de outubro de 1945, e no dia 17 de novembro do mesmo ano, quando o Brasil vivia a queda do Estado Novo e a substituição de Vargas por José Linhares, o decreto cedendo as terras já era publicado na imprensa oficial. Em aproximadamente 15 dias o estado do Amazonas abrira mão de 20.320 quilômetros quadrados, e o projeto tivera que passar pelo interventor Álvaro Botelho Maia, pela Diretoria dos Serviços Técnicos, pela Procuradoria Fiscal da Fazenda do Estado, pelo Conselho Administrativo e pelo novo secretário-geral do Estado, pois as convulsões políticas na região levaram à nomeação de um novo interventor. O projeto já chegara pronto às mãos de Álvaro Maia, sob a forma do ofício nº 635 e dos anexos, e o interventor, segundo o relato de Neiva, "tratou-me com a maior deferência possível e demonstrou o máximo interesse e amizade pelos assuntos da Fundação, havendo imediatamente despachado o projeto".[58]

No ofício em anexo ao relatório, João Alberto fazia uma exposição de motivos sobre a requisição de terras estaduais. No item 3, após explicar a natureza da FBC, João Alberto escrevia de forma direta e explícita:

> Nesses trabalhos de desbravamento e penetração, o objetivo da Fundação é precisamente integrar na civilização atlântica as regiões desconhecidas e longínquas, atualmente inaproveitadas, para que o Brasil possa, tomando plena consciência de si mesmo, atingir pelo aproveitamento integral do seu território o lugar que lhe cabe no concerto das grandes potências mundiais.[59]

---

[58] Ibid.
[59] Ibid.

A passagem anterior reitera o lugar do Brasil Central como espaço a ser modelado pelo Estado, como o "outro" interno do país, este visto como um sujeito que deve "tomar consciência de si mesmo". A preocupação com a modelagem moral dos grupos subalternos que habitavam as regiões de atuação da FBC é visível nesse ofício, em especial quando João Alberto apresenta os extensos planos da FBC para a área requisitada no Amazonas, entre os quais se podem citar: atividades de desbravamento e colonização, organização de núcleos de civilização, construção de estradas e campos de pouso e incentivos à atividade extrativa. Ao mencionar esse último, João Alberto afirma:

> Certamente, todos os direitos individuais já existentes nas terras concebidas serão reconhecidos e respeitados pela Fundação, a qual só tem um interesse: que o caboclo, habitante da zona do seringal, se transforme num proprietário. Para todos aqueles que, embora vivam na zona, não tenham sua situação de proprietário de terras devidamente em ordem, a Fundação envidará todos os esforços para legalizá-la, permitindo, além disso, a todos que o desejam, utilizar-se livremente das terras que se prestem à exploração da indústria extrativa.[60]

A linguagem geopolítica e colonial empregada pelos agentes da FBC não apenas produzia um espaço vazio destinado a ser retificado pela racionalidade estatal, como também buscava modelar os homens ali residentes como modernos proprietários, rejeitando quaisquer outras formas de existência social alternativas ao projeto modernizador.

Esses dois aspectos das práticas estatais da FBC — a acumulação incessante de terras locais e a modelagem dos subalternos a partir da ação estatal — seriam acompanhados de conflitos e

---
[60] Ibid, p. 4.

resistências, por parte tanto de elites e grupos locais quanto de trabalhadores e demais setores populares que habitavam as áreas de atuação da Fundação.

O primeiro caso analisado envolveu a cessão de terras pertencentes à Escola Profissional Rural de Rio Verde para a FBC, por ordem do prefeito do município em 16 de março de 1944.[61] O referido terreno tinha mais de 500 mil metros quadrados e era solicitado pela FBC para a construção de um campo de experimentação agropecuária. Ao que tudo indica, os benefícios alardeados pelos dirigentes da FBC não foram muitos, pois em 1947 representantes da Escola queixaram-se ao presidente Dutra por conta da atitude "expansionista" da FBC, que os expulsara do local e violara os limites da cessão do terreno, além de ter consumido mais de CR$ 40.000 mensais numa estação que não revertia em benefícios para os residentes locais.

Reclamação similar faz Eunice Matos da Rocha, em carta também endereçada a Dutra datada de 5 de outubro de 1946,[62] na qual a reclamante questiona a apropriação indevida de uma estrada de Caiapônia, da qual seu marido seria coproprietário. Em resposta, Silo Meireles argumenta que a estrada fora construída realmente pelos reclamantes, que, por não terem sido pagos pelo serviço pela prefeitura de Caiapônia, receberam em troca sua escritura, passando a cobrar pedágio. A chegada da FBC fez com que João Alberto ordenasse melhorias na estrada, motivando questionamentos por parte dos que a usavam a respeito da legitimidade dessa cobrança, já que a manutenção não era feita pelos proprietários, mas pela FBC. Além disso, Meireles lembra a "função militar" presente nas atividades da Fundação como motivo suficiente para justificar a encampação da estrada.

---

[61] ANB, FBC, caixa 5, Patrimônio. Data-limite: 14/5/1945 a 18/2/1955.

[62] ANB, FBC, caixa 11, Correspondências sobre as indenizações solicitadas por Eunice Matos da Rocha.

A gestão do engenheiro Carlos Telles na EFT também produziu muitos conflitos com setores locais, fossem eles políticos ou simples moradores. Alguns desses problemas eram motivados por questões de propriedade da terra. Assim é o caso de Lauro Maciel, que se dedicava à exploração de madeiras em terras localizadas à esquerda do Tocantins, próximas à localidade de Baião.[63] Entre outubro de 1944 e março de 1945, o reclamante alegava ter extraído mais de 100 metros cúbicos de cedro da região, estocando-os em Tucuruí (antiga Alcobaça) enquanto aguardava condições para venda. Entretanto — ainda de acordo com Maciel —, a madeira teria sido embargada por Telles, que dissera que a extração tinha sido feita em terras da EFT, agora sob nova direção. Seguiu-se extensa negociação, que terminou, de acordo com Maciel, com o pagamento de indenização irrisória e ameaças de violência por parte de Telles, o que teria motivado inclusive um pedido de *habeas corpus* pelo extrativista, receoso de sua condição de perseguido.

Os conflitos em torno da exploração de recursos nas margens do Tocantins que estavam sob controle da EFT se intensificaram, transformando-se, na verdade, em disputas em torno da legitimidade do exercício de poder na região. O próprio prefeito de Tucuruí reclamaria do alegado monopólio que os diretores da EFT teriam sobre a exploração de madeira e castanhas na região, sobretaxando caboclos e lucrando não apenas com a exportação, mas também com o controle de cantinas que vendiam suprimentos aos trabalhadores da localidade — um velho problema na região, comum nas áreas de seringais.[64]

A situação piorou sensivelmente com a chegada do engenheiro Luiz Lambert em 1945. Originalmente um auxiliar de Telles, a partir de outubro do mesmo ano ele passa a substituí-lo.

---

[63] ANB, FBC, caixa 35, EFT.

[64] ANB, FBC, caixa 36, Código 941.2 Estrada de Ferro Tocantins dossiê Alexandre José Francêz 1951.

Segundo o relato de um próprio funcionário da FBC, engenheiro Antônio de Castro Jobim, que se reportou a João Alberto em maio de 1946,[65] seguiu-se então uma série de abusos de poder. No dizer de Jobim, "O diretor da EFT tem sobre os funcionários e sobre a população em geral de toda sua zona uma autoridade que excede em muito a que de direito deve caber a um chefe de serviço de transportes".[66] É interessante notar que na própria argumentação de Jobim está presente o reconhecimento de que a região seria propícia para um exercício mais forte de poder estatal, por conta da rudeza dos habitantes, da falta de atividade econômica significativa e do atraso geral do lugar. Entretanto, Jobim argumenta que Lambert teria "se excedido", cobrando taxas altas dos produtores locais e recolhendo de forma compulsória a produção extrativista feita nas áreas da EFT. Na defesa de Lambert, em carta escrita em 28 de maio de 1946, o ex-diretor reconhece a necessidade de mais "disciplina", apontando para medidas de "higiene" e para o estado de anarquia em que se encontrava a região.

Os problemas iam além da simples imposição do poder arbitrário sobre a região. Em queixa registrada em 4 de outubro de 1946, a moradora Maria das Dores alegava ter sido estuprada por Lambert. Segundo o relato dela, Lambert teria enviado portador solicitando que ela passasse a noite com ele. Diante da negativa da mulher, que alegava estar "amigada" com outro homem, o referido mensageiro a teria ameaçado. Numa noite em que seu companheiro esteve ausente, Lambert compareceu à casa de Maria das Dores e a constrangeu a manter relações com ele, deixando-a "bastante molestada, apareceu forte hemorragia".[67]

---

[65] ANB, FBC, caixa 55, Estrada de Ferro Tocantins. Código 941.2 1947.
[66] Ibid.
[67] Ibid.

A situação chegou a tal ponto que foi necessária uma reunião extraordinária na delegacia de Tucuruí, entre representantes da polícia, do Executivo local, da própria EFT e da FBC, entre os quais Lambert e o médico sanitarista Noel Nutels. Nessa reunião, reafirmou-se que os direitos dos extrativistas locais seriam respeitados e que a direção da EFT só poderia exercer poderes de polícia no âmbito da EFT, sendo a prefeitura de Tucuruí responsável exclusiva pela ação policial na cidade.[68]

A concepção de que o Brasil Central era um espaço vazio, destinado a ser moldado pela racionalidade estatal, conjugava-se com uma prática autoritária, que via na imposição do poder centralizado uma condição fundamental para a civilização da região. Não se trata, portanto, de simples abuso de poder, mas de uma propriedade significativa de práticas estatais imbuídas de um olhar geopolítico e colonial. Esse olhar, como procurei mostrar, não foi invenção específica dos burocratas do Estado Novo, mas estava disseminado no próprio repertório cultural com base no qual a FBC foi gestada.

## O neobandeirantismo e a linguagem da aventura

A caracterização do Brasil Central como uma região misteriosa, marcada por lendas a respeito de suas possíveis riquezas incalculáveis, foi marca registrada da literatura de viajantes analisada no capítulo anterior e pode ser verificada na construção da linguagem burocrática da FBC. Veja-se, por exemplo, o relatório[69] escrito pelo capitão Basílio, então um dos principais pilotos da ERX, em outubro de 1944, referente à exploração de uma região do rio das Mortes, local de uma das bases da expedição. Logo

---
[68] Ibid.
[69] ANB, FBC, caixa 3, Relatório sobre a exploração verificada no leito do rio das Mortes.

no início, Basílio menciona que a área havia sido previamente percorrida por "antigos exploradores", e que sua expedição havia localizado vestígio de "mineração dos antigos". Afirma também: "Constatou-se, pela apreciação dos trabalhos executados, que não devem ter sido exauridos os recursos minerais de ouro pela exploração, mas sim interrompidos bruscamente os trabalhos, como aliás consta da tradição e história".[70]

Os funcionários da ERX e da FBC filiavam-se à tradição bandeirantista, incorporando sua mitologia e mesmo legitimando sua autoridade — "consta da tradição e história". O esforço de controle estatal do Brasil Central não prescindia, portanto, do repertório cultural consagrado nas novas leituras do bandeirantismo, que imprimiam um caráter aventureiro e romântico ao desempenho de funções de corte militar e estratégico.

Essa narrativa é visível nos grandes relatórios produzidos por agentes estatais ligados à FBC. Em um desses documentos, disponível no arquivo de Paulo de Assis Ribeiro, sem data precisa, João Alberto é apresentado como um exemplo dos "novos bandeirantes".[71] Ao longo do documento, a história do Brasil Central é entendida como basicamente a história das "bandeiras" e "entradas" na região, e os livros citados invariavelmente são registros históricos desses movimentos. O texto apresenta uma cronologia do bandeirantismo, destacando os protagonizados pelos paulistas, e incorpora no próprio registro burocrático termos como "desbravamento". Esse termo surge em vários documentos, deslizando de um significado histórico, próprio às fontes coevas, para um significado atual, legitimado no discurso burocrático como forma de descrever a movimentação da FBC.

A ênfase no desconhecido e no inóspito como qualidades que motivariam a ação estatal surge no próprio discurso de João

---

[70] Ibid.
[71] AN, PAR, caixa 15, pasta 2.

Alberto. Em conferência realizada no Clube de Engenharia e transcrita na publicação oficial da FBC, o então ministro analisa as diversas rotas já traçadas pela vasta região e afirma: "Muito mais interessante seria seguir em frente, rumo a Minas, cortando todas as terras desconhecidas do Brasil. Seria este o rumo certo, traçando assim a verdadeira diagonal do país".[72]

Essa narrativa surge também em documentos de outros órgãos e agências públicas, que acabam por absorver esse modo de apresentação da missão da FBC. Em relatório endereçado a Vargas, escrito antes do começo da ERX, um funcionário apresenta os planos para a expedição. A abertura do texto é a seguinte: "O maciço central do Brasil na região compreendida entre as cabeceiras do rio Xingu e do Tapajós constitui a maior área desconhecida da Terra".[73] Esse tipo de introdução era comum nos registros burocráticos da FBC. A constatação da grandiosidade da empreitada e do grau de desconhecimento sobre a região, ou mesmo do mistério que a cerca, é apresentada sempre com destaque, como a enfatizar a dimensão de aventura presente na marcha do Estado. Em seguida, ao discorrer sobre o potencial mineral da região, o relatório afirma:

> [...] as razões geológicas que nos levam a essa conclusão são confirmadas pela crendice popular e pelas informações históricas que contam da existência de explorações auríferas do maior valor iniciadas pelos colonizadores portugueses e perturbadas e abandonadas pela agressividade dos índios.[74]

Como se vê, ao lado de razões tidas como científicas e/ou geológicas, são legitimadas razões que vêm da tradição oral ou escrita a respeito da região, material parcialmente analisado no

---

[72] AN, PAR, caixa 16, pasta 2, *Revista da FBC*, separata n. 4, jul./ago./set. 1945.
[73] AN, PAR, caixa 16, pasta 4.
[74] Ibid.

capítulo anterior. Essa estratégia de rotinização de narrativas aventureiras clássicas implicava inclusive a mobilização de livros e textos como fontes de conhecimento e autoridade sobre o Brasil Central. Assim, em um relatório escrito pelo engenheiro Frederico Hoepken em julho de 1948 para a presidência da FBC, no contexto da deliberação sobre quais rumos a expedição deveria tomar para atingir a bacia do Tapajós, percebe-se como a delimitação do traçado correto da região levava em conta alguns desses escritos. Ao confirmar a correção do trajeto de um rio, Hoepken afirma:

> Esta observação coincide com o fato de o mapa que se encontra na obra do explorador Von den Steinem, o Brasil Central, indicar o curso do rio semelhante ao por nós constatado e a foz do rio Manissauá-missú quase exatamente na mesma distância que a deduzida no nosso voo.[75]

Outro exemplo de como esse repertório cultural era mobilizado está no relatório do funcionário José Vizioli (o mesmo cuja obscura situação funcional provocou discussão em 1948) sobre uma viagem exploratória realizada em 1943 para a região de Rio Verde, Barra do Garça, onde se instalaria uma das primeiras bases da FBC. No relatório, Vizioli trata da questão dos transportes — e novamente o tema da navegação fluvial surge — para afirmar:

> Para assegurar estabilidade às conquistas do Brasil Central onde os homens — no dizer do catequista José Noronha — "se unem com o único fim de superar as dificuldades e vencer as distâncias", mister se faz criar um sistema básico de transportes. O General Couto de Magalhães era apologista da na-

---

[75] MI, fotograma 000234. Voo de estudos realizado em 15-7-1948.

vegação fluvial. Euclides da Cunha confiava mais nos trilhos das estradas de ferro. Ambos tinham razão.[76]

Esse tipo de narrativa aventureira pode ser vislumbrado no livro dos irmãos Villas Bôas sobre a Marcha para o Oeste, parcialmente composto bem após a década de 1940, o que evidencia a persistência desse repertório e de seus efeitos. A obra, construída na forma de um grande diário no qual são anotados todos os eventos relativos à ERX, é ótima evidência do tipo de enquadramento discursivo desse neobandeirantismo. A própria abertura de capítulo, por exemplo, assemelha-se às clássicas formas de apresentação da região, como se pode ler a seguir:

> O Grande sertão do Brasil Central, compreendido entre o rio Araguaia e seus afluentes da esquerda, a leste, o Tapajós com seus formadores a oeste, os chapadões mato-grossenses ao sul, e uma linha correspondente aproximada ao paralelo 4 (L.S), que corta aqueles rios na altura dos seus grandes encachoeirados, com uma área de aproximadamente um milhão de quilômetros quadrados, até poucos anos era a região menos conhecida de todo o continente americano, talvez do mundo [Villas Bôas e Villas Bôas, 1994:41].

A conjugação entre um olhar romântico e aventureiro sobre a região com uma perspectiva que acentua a dimensão econômica e produtiva do Brasil Central, tão cara ao registro de Couto de Magalhães, pode ser verificada na passagem a seguir:

> Mas não era só a vastidão deserta, aureolada de lendas e mistérios, que empolgava a imaginação e acendia o entusiasmo de todos ao iniciar-se o movimento desbravador da Expe-

---

[76] Cpdoc, JA, JAap cme 1943.10.06.

dição Roncador-Xingu. Com mais realismo, via-se também naquilo tudo um conjunto verdadeiramente formidável de recursos e condições indispensáveis para o completo desenvolvimento futuro do país: na fecundidade das imensas glebas virgens, nas incalculáveis riquezas que deviam se acumular no solo e subsolo inexplorados, na impressionante pujança dos grandes rios centrais que, correndo de sul a norte, transformar-se-iam em novos "São Franciscos" da unidade nacional [Villas Bôas e Villas Bôas, 1994:41-42].

Há, de fato, capítulos inteiros do livro nos quais são descritos hábitos, costumes, lendas e canções dos sertanejos do Brasil Central (como o capítulo 3, intitulado justamente "Os sertanejos do Brasil Central"). Além do mais, pode-se notar como os autores do diário viajavam munidos de numerosas imagens espaciais produzidas pela literatura clássica, em especial quando se referem à mítica serra do Roncador. No dia 12 de julho, anotam:

> Faz exatamente um mês que partimos do rio das Mortes. E exatamente hoje atingimos as primeiras elevações do Roncador, deste Roncador tão falado e tão pouco conhecido. Podemos dizer que nesta data vimos e transpusemos essa serra famosa, em cujas encostas e desfiladeiros domina, impassível e livre, o xavante poderoso. Não há dúvida de que esperávamos alguma coisa mais do que estas simples elevações e morrotes desnudos e empedrados. Por outro lado, quem poderá negar que estivemos sobre o dorso de um gigante que o tempo inexorável abateu? [Villas Bôas e Villas Bôas, 1994:70].

Quando a ERX chega à região do Xingu e se lança à exploração de seus caminhos fluviais, o texto do diário anotado para o dia 15 de abril de 1947 ecoa as formas de narrativas aventureiras produzidas por antigos exploradores do Brasil Central. Por exemplo:

O grande território por onde fluem as águas da região do Alto Xingu, compreendido entre a serra do Roncador e as cabeceiras do Tapajós, entronca-se ainda em grande parte inexplorado. Podemos dizer, sem perigo de erro, que é um dos mais desconhecidos da América [Villas Bôas e Villas Bôas, 1994:223].

Estão presentes nessa passagem não apenas as imagens clássicas associadas ao Brasil Central, analisadas no começo deste capítulo, mas também a própria forma dos narradores se colocarem como aventureiros num território desconhecido e perigoso. No caso, personagens que lideravam a vanguarda de uma expedição estatal cujo programa implicava "desbravar e colonizar" a região. Trata-se, portanto, de homens inseridos numa posição central numa das redes estado-novistas que perpassavam a FBC. Sua forma de descrever essa atividade aproximava-se mais dos relatos que compunham o repertório cultural do Brasil Central do que de sóbrios relatórios de funcionários.

Como se vê, o Estado que marchou pelo Brasil Central não o fez num vácuo cultural e social. Se atentarmos para seus processos práticos de imposição de autoridade, analisando o discurso de seus agentes e seus suportes (textos, relatórios, diários de expedições), veremos que a formatação cultural da ação estatal não se deu apenas na chave da ideologia. Muito mais do que simples mecanismo justificador produzido por intelectuais de prestígio, o repertório analisado imiscuiu-se nas entrelinhas de documentos, sendo utilizado de forma mais ou menos pontual como recurso retórico, argumento de autoridade, justificativa para opções estratégicas etc. Num registro mais amplo, esse repertório modelou práticas estatais que tornaram o Brasil Central e seus personagens um "outro" a ser racionalizado, numa espécie de orientalismo[77] à brasileira que está longe de ser um resquício histórico, como pretendo argumentar na conclusão. Resta saber o saldo final dessa grande aventura do Estado pelo coração do país. A isso me dedico no próximo capítulo, em que aponto alguns dos desfechos relacionados às práticas da FBC.

---

[77] O conceito de orientalismo foi consagrado pelo intelectual palestino Edward Said (1978). Segundo o autor, os estudos imperiais e coloniais europeus sobre o chamado "Oriente" contribuíam para produzir uma geografia essencializada, espécie de objeto de conhecimento do poder intelectual e político do Velho Continente. Desde então, o conceito passou a designar diversas formas de estereotipar sociedades, países ou regiões por meio de classificações geopolíticas.

# 5

# Em busca de um fim para a FBC

Como é possível terminar de contar esta história? Se este fosse um livro sobre a vida institucional de um órgão público, a narrativa deveria seguir até 1967, ano em que a FBC foi transformada na Sudeco. Porém, não foi esse meu objetivo, como apontei logo no início da introdução. Queria explicar a relação entre as imagens espaciais relacionadas ao Brasil Central e ao Oeste e as práticas estatais da Fundação. Concentrei-me no período inicial dessa agência por acreditar que nesse tempo poderia capturar com mais intensidade e riqueza dramática essa relação, bem como os efeitos por ela produzidos. Será, porém, que esses efeitos terminam no início dos anos 1950? E se levarmos em conta as práticas estatais analisadas, será que elas realmente se encerrariam em 1967, ano da extinção oficial da FBC? Talvez seja melhor assumir duas vidas da FBC: a institucional, cuja força e capacidade de criação burocrática se esgotariam no começo dos anos 1950, e a cultural, que se impregnou na própria arquitetura do Estado brasileiro, sobrevivendo, e muito, ao ano de 1967. Apresento neste capítulo o desfecho dessa primeira vida, ao passo que na conclusão mostro a relevância da história cultural aqui contada para o desvendamento de dilemas contemporâneos do

Brasil. Assim, nas próximas páginas analiso o desdobramento de algumas das principais iniciativas associadas à FBC, destacando a ERX, o Setor Norte (em que se destaca o caso da Companhia Transportadora) e os negócios e empreendimentos que terminariam por minar a capacidade financeira da Fundação. Essas iniciativas, que compuseram o chão burocrático sobre o qual se ergueu um Leviatã de várias cabeças, são exemplares das contradições produzidas por um Estado que marcha sobre seu próprio território.

## Tentando reinventar a FBC

Entre 1951 e 1967, a FBC ainda persistiria em suas atividades e empreendimentos, embora mais comedida e burocratizada. Boa parte dos planos da Fundação fracassou, seja por inépcia administrativa, seja simplesmente por conta do desvario do planejador, mas algumas iniciativas pioneiras lograram escapar a essa sina, como o Parque Indígena do Xingu (PIX) e o serviço aéreo de assistência à saúde indígena desenvolvido por Noel Nutels.

A gestão de João Alberto terminou oficialmente no começo de 1947, e Manoel Ferreira passou a ser presidente interino da FBC, permanecendo até o início de 1948 nessa posição. Sua gestão dedicou-se a tentar organizar o caos financeiro da Fundação, causado especialmente pelo desempenho econômico das usinas e dos entrepostos comerciais. Esse problema não teve resolução em seu mandato, arrastando-se durante a curtíssima gestão de Viçoso Jardim no primeiro semestre de 1948. A entrada do general Borges Fortes em agosto desse ano representou uma tentativa mais sistemática do governo Dutra de organizar de forma definitiva a FBC, intervindo, inclusive, sobre sua missão. Segundo Silo Meireles, quando o general assumiu a presidência do órgão, havia apenas CR$ 70.000 no caixa da Fundação para fazer frente a dívidas que somavam CR$ 10.000.000 (Meireles, 1960). Foi nesse momento que a ERX foi redirecionada, ajustando-se aos planos estratégicos da Força Aérea Brasileira (FAB) e da Aeronáutica.

Ainda durante a gestão de Viçoso Jardim, membros do Conselho Diretor da FBC tentavam reformar a entidade, reconhecendo sua excessiva ambição e seus fracassos financeiros. No já citado projeto de criação do "Governo do Território do Brasil Central", o artigo sexto dizia: "O Governo Territorial não poderá manter empresas, estabelecimentos e demais organizações de exploração lucrativa, as quais, desde que não interessem *exclusivamente* à iniciativa particular, ficarão a cargo da Fundação Brasil Central na forma de seus Estatutos" (Medeiros, 1948:49). Na Justificação do projeto, o relator argumenta:

> A Fundação Brasil Central, que surgiu apenas com um objetivo de desbravamento — a única tarefa que vem cumprindo ousadamente através das heroicas incursões do Coronel Vanique à frente da Expedição Roncador-Xingú, tem evoluído consideravelmente nas suas finalidades, na sua natureza, no seu campo de ação e na estrutura, a tal ponto que já se define o presente dilema: *ou a Fundação para de crescer, constrangendo-se dentro de finalidades mais práticas e reais, ou culminará em fracasso definitivo pelo acúmulo de compromissos que não poderá satisfazer* [Medeiros, 1948:50, grifo do original].

Entre os principais problemas percebidos estava a própria extensão de atribuições da FBC, além da ambiguidade de seu caráter jurídico. Embora criada como um órgão público, seus primeiros estatutos classificavam-na como uma fundação de direito privado, e a extrema liberdade de ação de seus agentes evidencia a forma com que esse estatuto era entendido. Assim, uma das primeiras tentativas de reorganizar de forma sistemática a estrutura da FBC foi feita num projeto de lei escrito em 1948, que visava revogar esses estatutos.[78] Nas considerações para os novos estatutos, o autor do projeto argumenta que o decreto que classificava a ERX como "de interesse militar" era absolutamente incompatível com uma fundação de direito privado. Além disso, sustentava que essa ambiguidade originava problemas de gestão e administração. Finalmente, o último motivo listado dizia respeito à singularidade da FBC no universo das demais autarquias federais, o que gerava problemas de uniformização orçamentária.

O redesenho da FBC não seria fácil. Já em 1951, na gestão de Archimedes Lima, seriam preparados novos regulamentos, todos tentando conferir a esse verdadeiro polvo burocrático alguma racionalidade administrativa. A Portaria nº 1,[79] assinada por Lima em novembro desse ano, listava a "multiplicidade de objetivos" e a "dispersão de atividades" como motivos para proceder a essa revisão estatutária. Curiosamente, o escritório privado de Paulo de Assis Ribeiro — um dos homens de confiança de João Alberto nos tempos heroicos da FBC — seria contratado como consultor para todas essas tentativas.

A despeito dessas numerosas tentativas de reinvenção, a segunda vida da FBC, em especial após o fim das missões de sua vanguarda no coração da Região Norte do país, não lograria retomar os tempos de ousadia e aventura.

## O destino da ERX

No capítulo anterior, mostrei como a ERX encontrava-se em estado de espera no ano de 1947, após a chegada ao Xingu.

---

[78] ANB, FBC, caixa 41, Estatutos Correspondência encaminhando anteprojeto de estatutos da FBC.
[79] ANB, FBC, caixa 41, Desbravamento. Recortes do *Boletim Shell*, v. 3, n. 26, sobre os objetivos e realizações da FBC.

A segunda parte da expedição fora objeto de grande controvérsia entre o coronel Vanique e os diretores da FBC no Rio de Janeiro. A entrada do general Borges Fortes e a parceria com a Aeronáutica selariam o destino final dessa vanguarda da FBC, que a partir de então deveria se orientar para a construção de campos de pouso entre o Xingu e o Tapajós, consolidando a sonhada rota aérea.

Após a decisão do Conselho da FBC em 1948, a ERX seria partida em duas: uma orientada para a serra do Cachimbo, chefiada por Orlando Villas Bôas, e outra cujo destino era o Alto Tapajós, na localidade de Coletoria (PA), comandada pelo engenheiro Frederico Hoepken. Esperava-se que a expedição liderada por Orlando construísse um campo intermediário entre o Xingu e o Tapajós, sobre a serra do Cachimbo. Já Hoepken deveria organizar a construção do aeroporto de Tapajós, nos arredores da ilha das Piranhas, no médio Tapajós (Meireles, 1960). O grande objetivo, nesse momento, era a construção da rota aérea Rio-Manaus, evidenciando a dimensão da aproximação entre a FBC e o Ministério da Aeronáutica. Segundo Maria Lúcia Menezes:

> A associação índio-avião transformou-se, na via institucional, num acordo informal firmado entre FAB e SPI, no qual o SPI propôs a construção de campos de pouso em postos indígenas, especialmente nos postos do Centro-Norte do país e nos Postos de Vigilância de Fronteira [Menezes, 2000:61].

Ao final de 1949, a ERX já teria construído os seguintes campos de pouso: Caiapônia, Aragarças, Matrinchã, Garapu, Kuluene, Xavantina, Jacaré, Iauarum, Teles Pires, Cachimbo e General Dutra. Pode-se dizer que a construção dos campos do Teles Pires e da Serra do Cachimbo foram as grandes realizações da gestão Borges Fortes e sinalizaram o fim do período "expedicionário" da FBC, que a partir dos anos 1950 dedicar-se-ia à gestão rotineira de seus planos de colonização e urbanização nas cidades de Aragarças e Xavantina, além do núcleo do Vale dos Sonhos. As expedições lideradas pelos Villas Bôas, entretanto, produziriam outro conjunto de efeitos. Como mostraram Antônio Carlos Souza Lima (1995), Freire (2005) e Menezes (2000), é impossível contar a história do indigenismo sem atentar para a construção estatal do sertanismo, história que encontrou um de seus capítulos cruciais na expedição que era a vanguarda da FBC. Foi no âmago dessa longa marcha estatal que se formou a legenda dos irmãos Villas Bôas, que lograram capitalizar esse empreendimento para a criação do Parque Nacional do Xingu em 1961. Como argumenta Menezes, a chegada da ERX à região do Alto Xingu fez com que a área passasse a ser administrada como uma reserva indígena, valendo-se do conjunto de iniciativas de pesquisas etnológicas realizadas na região por conta do convênio assinado entre a FBC e o Museu Nacional. Antropólogos como Eduardo Galvão e Pedro de Lima realizaram estudos no local, contribuindo para a posterior consolidação da ideia de um parque estatal que mantivesse a pureza dos grupos "originários".

Na verdade, os objetivos da ERX iam se alterando à medida que ela avançava pelo país. Se sua missão original implicava a construção de núcleos de colonização, o crescente protagonismo dos irmãos Villas Bôas e as próprias mudanças políticas na direção iriam lhe dar um sentido mais próximo do indigenismo do período. Segundo Menezes:

> Desde a entrada da Expedição Roncador-Xingu e a fixação dos irmãos Villas Bôas no Alto Xingu, dando assistência aos índios, a área é de fato, e não de direito, administrada como reserva indígena, tanto que a presença do SPI se efetiva com a criação de postos indígenas [Menezes, 2000:108-109].

Esse não foi o único efeito não intencional produzido pelo avanço da FBC sobre o território brasileiro. Outro exemplo foi o trabalho desenvolvido pelo sanitarista Noel Nutels junto aos indígenas da região do Alto Xingu e do Araguaia. Tendo tomado parte da expedição desde seus primeiros tempos, Nutels dedicou-se a estudar a tuberculose e seu impacto nesses grupos, especializando--se a tal ponto que propôs, em 1952, a criação de unidades volantes que pudessem atender as remotas regiões do Brasil Central (Costa, 1987). Essa iniciativa deu origem ao Serviço de Unidades Sanitárias Aéreas (Susa). Entretanto, Nutels trabalhou também em outros órgãos, como o Serviço Nacional de Tuberculose (SNT). A ERX foi o mecanismo que lhe permitiu implementar iniciativas que não eram delineadas e pensadas exclusivamente no âmbito da FBC. Essa, aliás, é uma característica da forma de atuação da Fundação, cujas vastas atribuições contribuíram para formar redes mais ou menos consolidadas de profissionais e agentes públicos provenientes de outros órgãos e agências.

A criação oficial do Parque Indígena do Xingu em 1961 representaria o desfecho principal da ERX, não sem antes intrincados conflitos com as autoridades de Mato Grosso, animadas com as possibilidades mercantis abertas pela própria ERX ao "pacificar" os xavantes. A consolidação dessa reserva significaria a cristalização de uma prática estatal territorializada, cuja legitimidade ia se formando ao longo de seu próprio processo de expansão pelo território. Da ERX, sobraria basicamente o protagonismo dos irmãos Villas Bôas, tidos como pais fundadores do Parque.

## Os problemas do Setor Norte

No Setor Norte a situação foi ficando mais e mais caótica. A dificuldade de atuar num ambiente hostil e a própria ambição da estratégia acarretaram numerosos problemas nessa região. O fim da Segunda Guerra também tornou sem sentido a estratégia de "mais borracha para o esforço de guerra", da qual a FBC era um dos principais eixos. Já no próprio ano de 1945, um telegrama enviado por Paulo de Assis Ribeiro a Luiz Leite Costa no começo de fevereiro afirmava que o "Ministro continua estudando nova forma de atividade Setor Norte".[80] Funcionários do Setor ainda escreviam para o próprio Paulo de Assis sugerindo que seria possível encontrar outras fontes de financiamento, como a exploração da navegação no Tapajós e os lucros com o entreposto comercial de Santarém.[81] João Alberto, por sinal, já havia reiterado que a única forma de financiamento das atividades do Setor viria do serviço de localização de trabalhadores, atividade organizada pelo convênio com o Semta.

Além desses problemas financeiros, a dificuldade encontrada pela FBC para organizar sua infraestrutura de transportes na região foi decisiva para o fracasso do Setor Norte. Tomem-se, por exemplo, os casos do barco *Cidade de Belém*, da Transportadora Amazonas Ltda. e da EFT.

Em 16 de maio de 1946, a Fundação Brasil Central adquiriu o barco *Cidade de Belém*, de propriedade de Henrique Barbosa da Silva, pela soma total de CR$ 250.000.[82] Posteriormente, esse barco seria inclusive transferido para a EFT, como informa carta de fevereiro de 1947. Contudo, diante dos problemas financeiros do Setor Norte, que não conseguia receber recursos suficientes da FBC, o *Cidade de Belém* terminou sendo vendido dois anos depois, por CR$ 120.000, menos da metade do valor de aquisição.

---

[80] AN, PAR, caixa 15, pasta 4.
[81] Ibid.
[82] ANB, FBC, caixa 19, Transporte fluvial. Correspondências, escritura, fotografias referentes ao barco motor Cidade de Belém.

## Em busca de um fim para a FBC

Já a situação da própria Transportadora Amazonas era ainda mais complicada, pois a dotação de CR$ 50.000 prometida para reforma de navios não foi fornecida, e a empresa se viu sem capital para consertar os barcos e colocá-los em operação. Isso a obrigava a fretar embarcações, adicionando ainda mais custos à sua já intrincada operação.[83] Ao final de 1947, a empresa acumulava um déficit de mais de CR$ 500.000. Seu diretor, José de Souza Barros, alegava que a Transportadora fora criada para subsidiar as ações da FBC na região, mas, diante dos problemas financeiros da Fundação e da falta de ações no Norte, ela teria se transformado num fim em si mesmo, embora sem capital para subsistência. Barros propunha então que a FBC se limitasse a estimular atividades econômicas, e não a criá-las ela mesma.

Em janeiro de 1948, um relatório enviado à presidência da FBC informava um caixa "zerado" e "sem perspectiva imediata de nenhuma renda".[84]

A EFT padecia de problemas similares. Sua administração, conforme explicado no capítulo 2, fora repassada à FBC oficialmente em março de 1945, mas o financiamento seria ainda responsabilidade do Ministério da Viação. Essa situação produziria numerosas confusões, fossem referentes aos recursos necessários para o prolongamento e a operação da ferrovia, fossem devido aos procedimentos para as prestações de conta.

Logo em 1945, por exemplo, João Alberto solicitara um crédito de CR$ 1.000.000 para a EFT, então sob responsabilidade do engenheiro Carlos Telles. Em maio de 1947, o ministério ainda insistia no envio da comprovação desse adiantamento, reclamando da falta de controle da direção da ferrovia.[85] Em janeiro de 1948, um relatório informa que a EFT devia mais de CR$ 300.000, dos quais apenas CR$ 7.000 teriam sido

---

[83] ANB, FBC, caixa 32, Transportadora Amazonas Ltda.
[84] ANB, FBC, caixa 33, Estrada de Ferro Tocantins.
[85] ANB, FBC, caixa 33, Estrada de Ferro Tocantins.

liquidados.[86] Esse problema mostrou-se de difícil resolução. Em agosto de 1948, Borges Fortes, então presidente da FBC, se viu obrigado a designar funcionários especiais para proceder ao levantamento das contas e à checagem da situação financeira e administrativa da EFT.[87] Ao que tudo indica, o fato de a ferrovia ser gerida pela FBC sem orçamento próprio vinculado ao órgão fez com que seus gestores se despreocupassem em relação aos procedimentos de tomada de contas. A própria situação deficitária da EFT só fazia agravar essa confusão burocrática original.

Esses problemas no Setor Norte decorriam do fato de as atividades da FBC na região terem sido inicialmente motivadas pelo esforço de guerra, principalmente por conta dos objetivos firmados nos Acordos de Washington em 1942. O protagonismo de João Alberto na máquina estado-novista fazia com que algumas das funções da FBC fossem sobrepostas às de outras agências na região, e a transição iniciada em 1945 terminou por desmontar esse emaranhado, evidenciando sua complexidade de operação.

Os planos de assistência sanitária e social, por sua vez, eram contrapartidas previstas nos acordos em torno da borracha que não chegaram a conhecer maior desenvolvimento. Diante desse quadro, tanto a EFT quanto a Transportadora definhavam, sobrevivendo de forma deficitária e tendo suas contas reprovadas.

## As usinas, os entrepostos e os problemas administrativos e financeiros

No ano de 1965, diretores da FBC, então em vias de ser extinta e transformada em Sudeco, ainda não conseguiam entender

---
[86] Ibid.
[87] Ibid.

adequadamente a confusão administrativa e jurídica relativa ao estatuto das usinas criadas pela Fundação.[88] Como atestam os projetos de reforma administrativa desenhados por gestores posteriores ao período João Alberto, esses empreendimentos comerciais seriam tidos como uma das principais razões a explicar o descalabro administrativo e financeiro da FBC.

Em ata de primeiro de fevereiro de 1949,[89] é possível notar o desespero do Conselho Diretor da FBC diante do estado de insolvência da Usina Sul-Goiana. O presidente informa que não havia nem mesmo recursos para pagar os salários atrasados, e que o presidente do Banco do Brasil se negara a conceder empréstimos para a usina, tida como antieconômica. Parte dos conselheiros ainda se mostrava reticente diante de seu fechamento, por considerá-la a principal atividade da FBC e fonte potencial de lucratividade e desenvolvimento.

Em nova reunião do Conselho Diretor em 26 de março do mesmo ano, a situação não parecia melhor. A usina encontrava-se sem presidente, portanto as dívidas poderiam recair sobre o próprio presidente da FBC. Os maiores credores eram o Banco do Brasil e o Instituto do Álcool, e alguns conselheiros acreditavam que nem uma substancial ajuda do governo resolveria o problema, dado que o passivo da usina superaria seu valor venal.[90]

Finalmente, em 16 de junho do mesmo ano a assembleia de quotistas da usina — a FBC detinha quase 90% das ações — deliberou pelo pedido de uma intervenção na mesma, sob responsabilidade do Instituto do Açúcar e do Álcool (IAA). Procedeu-se a uma reforma do estatuto, que passou a exigir assinaturas de dois diretores para certos atos e contratações, e tentou-se ajustar mais estritamente a margem de manobra dos diretores. Parecia

---
[88] ANB, FBC, caixa 78, Código 951.11.
[89] ANB, FBC, caixa 32, Usina Central Sul-Goiana.
[90] Ibid.

o fim oficial da Usina Sul-Goiana como experimento de desenvolvimento da FBC.

Entretanto, pouco tempo depois o Conselho seria informado de que o interventor não desejava mais aceitar o cargo, devido às contas precárias e às suspeitas que pairavam sobre a companhia. Determinou, então, um levantamento contábil para averiguar o estado da usina, procedimento que adiou o fim do problema e ainda manteve o empreendimento numa lenta agonia.

A situação das usinas relacionava-se também à intrincada estrutura administrativa da FBC, que sobrepunha funções e órgãos e tornava a gestão de pessoal uma verdadeira dor de cabeça burocrática. Tome-se como exemplo o caso do ex-funcionário José Vizioli,[91] funcionário da FBC deslocado para trabalhar na Usina Sul-Goiana, por solicitação do então presidente João Alberto, em dezembro de 1946. A partir dessa data, Vizioli teria se dedicado exclusivamente a ajudar no plantio da cana. Todavia, a despeito de ter trabalhado apenas para a usina, não havia nenhum documento formal que legitimasse essa transferência, muito menos uma ordem escrita que incluísse Vizioli na folha de pagamento da usina. Essa dificuldade fez com que administradores posteriores só reconhecessem sua condição de prestador eventual de serviços técnicos, e não de "funcionário", como atesta a carta de Olívio de Souza, então diretor da usina, em setembro de 1948. Segundo Souza, Vizioli teria prestado serviços regulares apenas em 1946, mas reclamava vencimentos relativos a todo o ano de 1947, apoiado pelo chefe do Escritório em São Paulo, Ruy Mourão. Este, por sua vez, havia demandado o pagamento de 14 meses de salários devidos ao funcionário, que escreveu carta ao então presidente da FBC, Borges Fortes, em novembro de 1948. Nesse documento, o próprio demandante alega que ficara sem receber salários ao longo de 1947, pois nem a FBC

---

[91] ANB, FBC, caixa 32, Dossiê Usina Central Sul-Goiana.

nem as usinas se entendiam sobre quem seria a fonte responsável pelo pagamento.

Essa confusão atingia até homens de confiança de João Alberto, como Silo Meireles. Ao ser informado sobre um processo fiscal movido contra uma das usinas, no qual a FBC teria sido também arrolada, Meireles escreveu uma carta em fevereiro de 1947 para o secretário Manoel Ferreira, na qual argumenta desconhecer completamente o negócio. Além disso, destaca que no ano referido no processo, 1944, a FBC não existia de forma autônoma, sendo simples "órgão da Coordenação de Mobilização Econômica, na qualidade de Expedição Roncador Xingu".[92] Como o leitor há de se lembrar, a FBC fora criada oficialmente ainda em 1943.

Tamanha desordem administrativa certamente emperrava os processos de liquidação de empresas e subsidiárias. Em junho de 1949, a FBC ainda tentava se livrar tanto da Estação Experimental de Rio Verde quanto do entreposto comercial que mantinha. O Ministério da Agricultura, porém, não se interessara pela Estação, o que eliminava um dos órgãos mais próximos das atividades desenvolvidas no local, que já fora alvo de denúncias de moradores locais por conta da desapropriação de terras. Em seu relato sobre a FBC, Silo Meireles analisa a confusa situação dos negócios da Fundação em Uberlândia, apontando também para uma reconhecida característica do órgão criado por João Alberto: a expansão das atividades comerciais de forma não planejada. Transcrevo a análise de Meireles:

> Dos seus antigos locais — Rua Santos Dumont e Avenida Cipriano Del Fávero — espraiou-se, ramificada em "Filial dos Entrepostos", para nova e custosa instalação na Praça

---

[92] ANB, FBC, caixa 45, Correspondências solicitando o livro trânsito de passageiros e caminhões sobre a Ponte Afonso Pena-MG 1945/46/1947.

da República (antiga Benedito Valadares), no edifício do "Hotel Colombo". Promoveu a aquisição por mais de CR$ 3.000.000,00 dos imóveis onde funciona a "Empresa de Armazéns Gerais Triângulo Mineiro" [...] Fez construir sede própria para a estação local (ZVI-3) da rede radiotelegráfica da Fundação. Tentou construir ainda um posto próprio para abastecimento e manutenção de uma frota, também própria, de caminhões Ford e Chevrolet, que somavam quase 20 veículos, uns comprados novos, outros havidos do Semta [...], sobre cuja base se chegou a organizar de fato, paralelamente à Fundação e aos Entrepostos, a "Transportadora FBC Ltda.". Adquiriu e movimentou, meses seguidos, um pequeno negócio de secos e molhados [...]. Financiou, parcial ou totalmente, uma série de iniciativas industriais, agrícolas e imobiliárias [...]. Comprou um avião tipo "Paulistinha" [...]. Projetou criar fábricas (iodetação e formicida) cuja maquinaria foi adquirida, embora não tivesse sido montada [Meireles, 1960:257-258].

Ainda segundo Silo Meireles, a partir do final de 1945 a situação encontrada em Uberlândia já era caótica, iniciando-se o lento processo de liquidação de vários negócios. Ao todo, a FBC chegou a ter na cidade uma estrutura de 40 pessoas, sem contar os armazéns. Em 1950, finalmente vendeu-se o Aviário que a Fundação possuía em Uberlândia e a Empresa de Armazéns Gerais Triângulo Mineiro, ficando a FBC livre para tentar resolver o caso do Entreposto Comercial Brasil Central. Esse Entreposto instalara diversos armazéns entre Aragarças e Xavantina, contribuindo para criar hábitos monetários numa população que não estava acostumada a transações regulares com dinheiro (Maciel, 2006). Entretanto, os problemas financeiros da FBC tornaram-na inviável economicamente. Esse parecia ser o destino das empreitadas comerciais da FBC. Ao encerrar sua análise sobre a situação de Uberlândia, Meireles afirma: "O mais que ainda existe em Uberlândia é acervo de bens improdutivos ou remanescentes de iniciativas frustradas" (Meireles, 1960:259).

Na gestão de Archimedes Lima (1951-54), tradicional político petebista, a FBC concentrou-se em desenvolver a infraestrutura urbana de Aragarças, elaborando um Plano Diretor e fazendo numerosas obras na cidade, como a construção de casas e escolas. Estava findo, portanto, o período carismático da Fundação, quando ela era a ponta de lança do Estado numa marcha pelo que se acreditava ser o espaço desconhecido da nação. Ao longo dos anos 1950, a FBC se consolidaria como um órgão do desenvolvimento local, orientado para conservar os equipamentos que lhe restavam. A etnografia de Manuel Ferreira Lima Filho (2001) conseguiu captar com maestria o modo como a FBC se tornou uma "memória dos pioneiros", acionada por antigos moradores de Aragarças e Xavantina, cidades criadas pelo avanço da Fundação. Tratava-se, então, de relembrar o tempo heroico, o momento carismático de fundação dessas cidades.

Entretanto, não termina aí a história da FBC. Se sua força originária logo se esfumaçou na rotina administrativa, suas práticas estatais contribuiriam para o longo processo de construção do Estado brasileiro, jogando luz sobre uma marcha que esteve longe de terminar com o fim do Estado Novo. Nas próximas páginas, argumento como podemos usar o caso analisado neste livro para entender de forma mais ampla as relações entre Estado, território e sociedade no Brasil.

# Conclusão

Este livro mostrou que só podemos entender o Estado como um fenômeno sociológico se atentarmos para suas práticas concretas, analisando os relatórios, os documentos oficiais e as cartas que nos permitam averiguar empiricamente como esse poder foi sendo constituído e expandido das mais diferentes formas. Essa perspectiva evita tomar o Estado como um sujeito coletivo já dado, espécie de essência pré-constituída. Preferi olhar o Estado a partir de suas redes concretas, de suas lógicas de atuação e de suas linguagens, enfatizando sua dimensão processual e contingente.

É claro que se pode inscrever a FBC na própria dinâmica do capitalismo brasileiro, marcada pela constante reabertura de novas fronteiras no interior do país. Longe de ser o antípoda do capital, muitas vezes o Estado foi o agente articulador de suas demandas, concedendo incentivos fiscais, criando estoques de terra para produção capitalista, atraindo migrantes para o interior do país ou empreendendo grandes obras públicas que criassem infraestrutura para o desenvolvimento. Essa relação não é mecânica, posto que o Estado não é um aparelho vazio que simplesmente executa funções para a reprodução do capitalismo. É claro que a relação entre Estado e capital fornece o enquadramento geral necessário para analisar o Estado numa sociedade capitalista, mas não explica tudo que acontece nessa sociedade de forma mecânica. Há que se entender as práticas concretas e históricas desse Estado, atentando para sua densa construção cultural.

A hipótese principal diz respeito à relação entre ideias e práticas estatais. Ao mergulhar no vasto campo do pensamento brasileiro sobre o espaço, mostrei como se formaram ao longo do Brasil republicano diferentes imagens sobre o Oeste e sobre o Brasil Central. Essas imagens consolidaram um repertório cultural que terminou por modelar as próprias práticas estatais, que só podem ser apreendidas se analisarmos as linguagens empregadas pelos agentes estatais na criação e recriação do terreno que buscavam gerir e dominar. Essa perspectiva nada tem de idealista, pois toma as ideias como textos, suportes materiais que permitiram rotinizar modos de cognição disponíveis sobre os mundos do Brasil Central. Ao analisar os documentos produzidos pela ação da FBC, investiguei como esse repertório foi utilizado, tendo em mente o efeito social das ideias sobre o mundo social.

Esse foi o percurso analítico seguido por este livro. Mas qual é o saldo final desse exercício, e o que ele nos revela não só sobre a FBC, mas também sobre a longa marcha do Estado brasileiro, ainda hoje não encerrada? E de que forma essa marcha nos ajuda a entender o lugar do espaço em sociedades periféricas? Nas próximas duas seções busco responder a essas questões, mostrando como a FBC é boa para (re)pensar nossas narrativas clássicas sobre Estado e espaço.

## O Estado que marcha

Se olharmos apenas para a história institucional da FBC, veremos uma trajetória que combina grandes planos estatais, con-

## Conclusão

fusas iniciativas econômicas, largas doses de autoritarismo e outras boas porções de aventura e pioneirismo. Entretanto, essa história particular revela também muito sobre a história de constituição do próprio Estado brasileiro, abrindo a possibilidade de entendermos um pouco sobre sua lógica e suas linguagens. O que sobressai nesta análise é a dinâmica movente deste Estado, que teve na acumulação espacial uma de suas marcas principais. Se em outros países o território era a condição primeira para o exercício da autoridade pública, no caso brasileiro — e provavelmente em outros casos de grandes países periféricos, como a Rússia — ele foi também um lugar a ser constantemente inventado e reapropriado por um Estado que nunca cessou de marchar sobre sua superfície.

Dotado de território gigantesco, o Brasil, aos olhos de burocratas, militares e intelectuais, sempre foi visto como um espaço, e não como um corpo social composto por sujeitos moralmente coesos (Moraes, 2005). Isso significa que uma das principais formas de construir autoridade pública foi avançar sobre esses espaços, configurando um *Estado que marcha*. A categoria de acumulação espacial refere-se ao fato de que parece inesgotável o estoque de espaço disponível para essa marcha estatal, que nunca teve exatamente um fim. Ainda hoje, nos confins da Amazônia, ou em outros pontos da Região Norte, podemos localizar discursos e práticas que enfatizam a "conquista" racional de espaços tidos como alheios ao projeto nacional. Tudo se passa como se o território brasileiro nunca tivesse sido completamente desbravado e racionalizado. Essa acumulação constante é, na verdade, a forma de o Estado brasileiro se legitimar, produzindo sujeitos sociais e projetos de nação.

No entanto, a acumulação espacial não seria uma característica de qualquer Estado moderno? Afinal, se a literatura recente nos informa sobre a dinâmica processual do Estado, que está sempre sendo constituído mediante práticas de negociação e imposição de autoridade, a conquista incessante de espaço não seria um traço comum a todas as formações estatais? Em termos. Se consultarmos interpretações contemporâneas sobre os fundamentos culturais dos Estados fundados na fabulação liberal típica do Ocidente moderno, veremos que a Reforma Protestante logrou produzir uma forte coesão social entre elites e povos nos países centrais da Europa, criando novas formas de solidariedade e uma delimitação territorial definida (Gorski, 1999). Ou seja, nessas sociedades haveria um consenso cultural razoavelmente compartilhado que produziria uma infraestrutura moral para os Estados operarem. Isso significaria que o espaço teria sido precocemente normalizado e rotinizado, dando maior aparência de naturalidade para o exercício do poder estatal sobre o território. A teoria de Michael Mann (1986) destaca como o Estado ocidental moderno caracteriza-se justamente pelo predomínio de um poder infraestrutural, e não necessariamente despótico. Ou seja, uma vez assegurada a existência de um centro político e de periferias a serem reguladas, uma vasta rede de mercados, comunicações e instituições públicas (escolas, por exemplo) garantiria uma articulação mais densa entre sociedade e Estado, sem necessidade de um exercício direto e autoritário de poder das elites estatais. Ao mesmo tempo que vê o Estado moderno como um poder polimorfo assentado em redes que se expandem pelo espaço, Mann parece acreditar que isso implicaria uma diminuição do poder despótico ou do protagonismo direto do Estado.

Ora, no caso brasileiro e em outros contextos periféricos, a ausência desses processos de subjetivação fez com que os Estados fossem agentes criadores do mundo social, atuando de forma constante na reinvenção de sujeitos e lugares. É assim, por exemplo, que Rubem Barboza Filho (2000) analisou o impacto da cultura política do barroco ibérico nas Américas. Se nos países centrais o liberalismo foi o código organizador da sociedade, e o Estado uma expressão contratual dos sujeitos previa-

## Conclusão

mente constituídos na vida civil, na América colonial o Estado foi um agente expressivo, sempre mobilizado para a construção de lugares sociais. Por caminhos diferentes, outros cientistas sociais chegaram a conclusão similar, apontando para a forma como a própria esfera pública nas cidades latino-americanas não pôde prescindir dessa inventiva dinâmica estatal (Gorelik, 2005), ou mesmo para como o Estado construiu categorias que legitimavam a ação coletiva de movimentos sociais (Rosa, 2009). No caso da Índia e do Sudeste Asiático, Ashis Nandy (2003) argumentou que essa dimensão criativa do Estado se explicaria pela internalização de um aparato colonial, que teria erigido o desenvolvimento numa ideologia autoritária que subordinou culturas e formas de vida alternativas, traduzindo-se num forte ativismo. Ou seja, nessas regiões o processo de construção estatal mostrou-se de forma mais crua e aguda, não apenas por sua relação com o colonialismo, mas também pelo próprio protagonismo direto de elites políticas que queriam criar sociedades civilizadas e modernas.

Não à toa, foi nos países periféricos que novos conceitos foram criados para dar conta de práticas estatais modernas. É o caso do conceito de "colonialismo interno", ferramenta teórica que permitiu ao intelectual mexicano Rodolfo Stavenhagen (1965) entender como o Estado mexicano perpetuou uma lógica colonial de atuação sobre comunidades indígenas, numa espécie de orientalismo interno. Embora criado a partir do caso mexicano, esse conceito pode ser operado para o entendimento de outros casos nos quais a construção do Estado-nação não implicou o deslocamento do colonialismo, mas sim sua rearticulação nos marcos da vida nacional independente. Voltando ao caso indiano, Partha Chatterjee (1993) mostrou como uma investigação sobre as linguagens do Estado-nação em seu país revelava propriedades mais gerais sobre os fundamentos eurocêntricos contidos na própria narrativa do Estado em geral. Ao chamar

## Estado, território e imaginação espacial

a atenção para o tema da acumulação espacial, o caso da FBC comporta propriedades teóricas semelhantes, evidenciando como o mundo periférico pode ser não apenas objeto de reflexão, mas um lugar de discurso onde pensamos questões globais. É o que faço na próxima seção.

## A dialética do espaço: o Brasil e o mundo

A acumulação espacial impulsionada pelo Estado que marcha não deve ser interpretada de forma unilateral, como se as práticas estatais fossem unívocas ou mesmo soberanas, não comportando negociação, confrontos e recriações. A história da FBC revela a dialética fundamental do espaço brasileiro, baseada num constante ativismo estatal, mas que também produz movimentos de liberdade e autonomia no mundo social. Para cada grande utopia estatal desenhada e falhada correspondem inumeráveis fluxos e deslocamentos populacionais, muitos deles animados por sonhos de riqueza, liberdade e emancipação. No caso brasileiro, isso configurou uma sociedade em constante movimento, que também vê na marcha sobre o território a possibilidade de refazer de forma mais democrática o país. Como já alertou Luiz Werneck Vianna (1997), a história da civilização brasileira pode ser entendida como o desdobramento de uma longa revolução passiva, que comporta transformações que não configuram rupturas, mas que ainda assim guardam componentes revolucionários ou potencialmente criativos.

O vasto debate sobre o significado da fronteira na construção do Brasil oferece boa visada sobre esse tema. A clássica interpretação de José de Souza Martins (1996) é um excelente ponto de partida. O argumento de Martins parte da conhecida diferenciação entre frente de expansão e frente pioneira. Enquanto aquela supostamente caracterizaria uma primeira fase histórica

## Conclusão

do movimento de fronteira, na qual pobres e ricos espalhar-se-iam pelo território em busca de oportunidades e posse de terra, a frente pioneira implicaria um processo de expansão capitalista sobre áreas já ocupadas por frentes de expansão anteriores. A FBC e a ERX seriam, portanto, agentes centrais na articulação estatal das frentes pioneiras, processo que se prolongaria nos anos 1950, com a criação da rodovia Belém-Brasília, e durante a ditadura de 1964, com a política de incentivos fiscais para ocupação da Amazônia. Entretanto, Martins não vê uma simples sucessão linear entre esses momentos, já que eles poderiam se articular em situações nas quais as diferentes mentalidades correspondentes a essas lógicas se traduziriam na existência de relações não capitalistas de produção relacionadas à reprodução capitalista.[93] Nesse caso, a descoberta do "outro" nas situações de fronteira poderia estar envolta em relações de violência e dominação, transformando a diferença em atraso. Martins também argumenta que a frente de expansão teria características culturais e sociais próprias, não se constituindo em simples pré-história da expansão capitalista. Ela representaria o "mais além" da reprodução capitalista, sendo baseada numa produção mercantil mais simples, na qual o camponês teria maior controle sobre seus excedentes, diferenciando-se, portanto, do assalariado. Ou seja, a possibilidade de extrair renda da terra num regime mais propriamente empresarial só seria eficiente até certo ponto da expansão sobre o território. Além desse ponto, prevaleceria a posse da terra justificada pelo trabalho nela, e não o direito liberal clássico, que justifica o monopólio jurídico sobre um recurso natural convertido em mercadoria.

---

[93] Uma versão bem mais simples dessa tese, despida de suas articulações dialéticas, encontra-se no texto de Edward Bradford Burns (1995) sobre fronteira no Brasil. O autor argumenta que se poderiam interpretar eventos como Canudos como resultado do choque entre a fronteira dita "oficial" e a fronteira *folk*, que supostamente abrigariam diferentes concepções sobre a terra.

Martins desenvolve essa polêmica hipótese e argumenta que o mundo da frente de expansão não seria animado apenas pela fuga dos homens pobres expulsos do latifúndio, comportando um importante elemento milenarista típico do universo camponês. O movimento desses homens representaria uma possibilidade de rearticulação cultural e simbólica, e não somente a busca de sobrevivência material. Estaríamos diante, portanto, de formas de criação social além do mundo administrado do capital. A ideia de uma organização camponesa "para além da reprodução do capital" em áreas de fronteira sempre foi polêmica na literatura sobre o tema. Leonarda Mumesci (1988) argumentou que o espaço da fronteira seria desde sempre marcado pela móvel dinâmica mercantil brasileira, que permearia diversas esferas do mundo popular desde muito tempo, invalidando, portanto, a tese da existência de uma economia camponesa insubmissa ao regime do capital. Já para José Francisco Graziano da Silva (1982), o fechamento da fronteira no Brasil dos anos 1970 não representava a ocupação produtiva estável da superfície agrária do país, mas a formação de estoques de terra como reserva de valor, em especial na região Amazônica. Num contexto marcado pela existência de fartos benefícios fiscais oferecidos pela Sudam no período autoritário, a terra tornava-se alvo de especulação e era imobilizada como forma de garantir acesso aos recursos federais. Isso acabava por empurrar pequenos agentes econômicos para regiões cada vez mais distantes, removendo também ribeirinhos e comunidades tradicionais. Esse processo de fechamento caracterizaria uma incessante acumulação espacial animada pela articulação entre Estado desenvolvimentista e grande capital.

Visão mais matizada foi apresentada por Berta Becker (1990), ao analisar a fronteira amazônica no final do século XX e criticar a tese da propriedade camponesa como antitética ao Estado e ao mercado. Becker destaca em seu texto como essa fronteira não

## Conclusão

estaria "fechada", comportando uma diversidade de redes e agentes econômicos, mesmo pequenos proprietários. De forma geral, mesmo os autores extremamente críticos à tese de Martins apontam para a grande mobilidade de mão de obra como elemento básico no avanço da fronteira no Brasil. Se olharmos esse debate para além da polêmica sobre as características não capitalistas do mundo camponês, vislumbraremos na relação dos homens com o espaço a possibilidade de invenção e recriação que parece orientar a dinâmica dialética da acumulação espacial no Brasil.

A perspectiva da mobilidade é confirmada quando abrimos a historiografia contemporânea sobre o tema. Vejam-se, por exemplo, os trabalhos de Sheila de Castro Faria (1988) e Maria Campos (2005) sobre o mundo colonial brasileiro, nos quais as autoras combatem a ideia de que esse cenário seria marcado pela estagnação e pela reprodução persistente de hierarquias fixas. Ambas apontam justamente para a dinâmica de mobilidade que caracterizaria a relação dos homens pobres com o território. Isso se refletiria nas formas de circulação da riqueza e na própria constituição de circuitos mercantis. Analisando o caso de São Paulo no século XIX, Denise Moura (2005) descobriu quadro semelhante, em que as redes urbanas e comerciais baseavam-se numa forte lógica movediça. É interessante notar como o próprio José de Souza Martins (1996) destacou também a extrema mobilidade das gentes pobres e ricas brasileiras pelo espaço como condição básica de nossa experiência de fronteira, utilizando inclusive a expressão "sociedade transumante" para dar conta desse fenômeno.

Ora, como esse debate nos ajuda a iluminar ainda mais o caso da FBC? A FBC foi um elo fundamental nesse processo de acumulação espacial, pois a expansão das práticas estatais pelo território produziu oportunidades para investimentos e extração de renda, ao mesmo tempo que incentivou mais um capítulo na longa marcha dos homens sobre o espaço, muitas vezes escapando aos desígnios dos planejadores estatais. Note-se como os próprios agentes da FBC compartilhavam com a "sociedade transumante" de que nos fala Martins um sentido do espaço como algo inesgotável e sem fronteiras definidas, sempre passível de ser ampliado.

Voltando ao tempo presente, gostaria de sugerir que é nessa dinâmica espacial que reside um dos eixos fundamentais da luta democrática no Brasil contemporâneo. As novas fronteiras do agronegócio e os grandes projetos hidrelétricos no Alto Xingu reiteram a articulação entre grande capital e Estado que marcou a história das práticas estatais no Brasil e suas linguagens, mas há também nesses espaços o movimento de gentes buscando trabalho e mobilidade. As greves que sacudiram as obras do Programa de Aceleração do Crescimento (PAC) em Jirau e Santo Antônio em 2010 mostraram como a acumulação espacial tem sua contrapartida na expansão da própria ação sindical e da ação coletiva dos subalternos. Essa dialética da acumulação espacial, aliás, não se limita ao que entendemos como "rural", espraiando-se nas periferias das grandes cidades brasileiras.

Como evidenciou Vera Teles (2009), as novas configurações do urbano no mundo contemporâneo são marcadas pela porosidade entre formal e informal, lícito e ilícito, traduzindo-se na existência de redes transnacionais que implicam fortes mobilidades dos pobres urbanos. Esse cenário não seria expressão da modernidade incompleta brasileira, mas uma questão global, sendo visível nos circuitos do tráfico de drogas, na circulação de mercadorias piratas etc. Nesse mundo, deslocamentos e novas territorializações das práticas sociais seriam constantes, revelando uma sociedade em constante e violento movimento. Nessas mesmas periferias, nas favelas e assentamentos urbanos precários, vislumbra-se também uma dinâmica de invenção de novas formas de vida, sociabilidade e moradia, em constante interação com a vida mercantil, traduzindo-se na formação de mercados

## Conclusão

imobiliários "limiares", que escapam à dicotomia formal/informal (Cavalcanti, 2010).

O Estado também se faz presente nesses movimentos urbanos, novamente com seus planejamentos que buscam regulá-los e ordená-los, mas que terminam por inspirar mais e mais ativismo subalterno. É por isso que a história da FBC é, na verdade, uma história cultural da formação do Estado brasileiro e de suas linguagens. Ela revela a centralidade do tema espacial em nossa formação e o modo como esse Estado se construiu ao marchar pelo território, contribuindo também para criar novos lugares para a invenção social. Este tema — a relação entre espaço, sociedade e invenção — está hoje no coração da teoria social, e deve ser pensado além da simples dicotomia entre "urbano" e "rural" (Maia, 2011). Na teoria social europeia, a cidade foi o grande objeto de reflexão, funcionando como um espelho das propriedades de uma sociedade moderna, e os demais espaços existentes foram codificados sob a rubrica do "rural". Nas formações sociais periféricas, porém, os conflitos e as práticas políticas não se explicam propriamente pela linguagem clássica da urbanidade, pois traduzem dinâmicas e interesses relacionados à disputa por espaços de fronteira, seja no campo, seja nas periferias das grandes metrópoles. Além disso, é impossível contar a história desses Estados periféricos sem entender a centralidade da questão da terra nessas sociedades. É por isso que digo que a dialética do espaço não pode ser entendida com recurso à sociologia urbana clássica, que está ainda muito impregnada de sua origem europeia e tende a utilizar conceitos e categorias limitadas pelo quadro do "urbano".

Finalmente, diria que essa dialética não precisa reiterar nem a dinâmica colonial do Estado, sempre pronto a recriar de cima para baixo sujeitos e organizações em nome da produtividade e da acumulação, nem a cantilena antiestatal supostamente libertária que localiza na sociedade civil o único agente democrático possível. Em texto sobre as lutas de moradores de assentamentos urbanos precários, Partha Chatterjee (2004) mostrou como os subalternos que habitam espaços de fronteira, nos quais informalidade e formalidade convivem, lograram inserir politicamente suas demandas na pauta do Estado, provocando-o de forma positiva em busca de novos horizontes de vida e de direitos. Mesmo por fora da sociedade civil — afinal, eles habitam áreas invadidas ou irregulares —, esses moradores conseguiram produzir formas de organização política que envolveram líderes informais, políticos, partidos e órgãos públicos. Experiências como essa desafiam a forma tradicional da sociologia política de conceber as relações entre Estado e sociedade, pois implicam formas de mobilização que não são contidas no registro da esfera pública tal como compreendida pelas teorias sobre modernidade e cidadania. Além disso, mostram como a terra pode funcionar como um espaço onde se dá a invenção constante de novos modos de viver. A periferia — Calcutá, Brasil Central, Zona Leste de São Paulo ou o próprio Brasil em termos geopolíticos — constitui-se não no objeto, mas no lugar onde podemos pensar teoricamente questões que estão na pauta global. Não é outro o desafio crucial para a democracia brasileira, convocada a transformar sua história não exemplar e algo torta em plataforma criativa, justamente em um momento em que o país é chamado a um papel mais robusto no mundo. No coração da Amazônia, ou nos gigantescos complexos de favela do Rio de Janeiro, joga-se a possibilidade de os brasileiros reanimarem a democracia e reconstruírem seus destinos.

# Bibliografia

## Fontes primárias

*Instituições*
Arquivo Nacional (AN)
Centro de Pesquisa e Documentação em História Contemporânea do Brasil (Cpdoc)
Coordenação Regional do Arquivo Nacional em Brasília (ANB)
Museu do Índio (MI)

*Arquivos*
Arquivo Nacional: Arquivo Paulo de Assis Ribeiro (PAR)
Cpdoc: Arquivo João Alberto Lins de Barros (JA) e Arquivo Artur Hehl Neiva (AHN)
Coordenação Regional do Arquivo Nacional em Brasília: arquivos da Fundação Brasil Central (FBC)
Museu do Índio: Fundo SPI/FBC — Expedição Roncador-Xingu

## Referências

A GUARDA da fronteira. *Novas Diretrizes*, ano II, n. 9, jul. 1939.
ABREU, Regina. *O enigma de* Os sertões. Rio de Janeiro: Rocco, 1998.

ALBANEZ, Jocimar Lomba. *Sobre o processo de ocupação e as relações de trabalho na agropecuária*: o extremo-sul de Mato Grosso (1940-1970). Dissertação (mestrado em história) — UFMS, Mato Grosso do Sul, 2003.

ANDRADE, Theophilo de. *O rio Paraná no roteiro da marcha para Oeste*. Rio de Janeiro: Irmãos Pongetti-Zelio Valverde, 1941.

ANSELMO, Rita de Cássia M.S. *Geografia e geopolítica na formação nacional brasileira*: Everardo Adolpho Backheuser. Tese (doutorado) — Programa de Pós-Graduação em Geografia, Unesp, Rio Claro, 2000.

ASPECTOS políticos do problema demográfico. *Novas Diretrizes*, ano 2, v. 10, 1939.

AURELI, Willy. *Roncador* [1939]. São Paulo: Leia, 1962.

AZEVEDO, Aroldo. Goiânia: "uma cidade criada". *Revista Brasileira de Geografia*, ano III, n.1, p. 3-19, jan./mar. 1941.

BACKHEUSER, Everardo. *Problemas do Brasil (estrutura geopolítica)*: o "espaço". Rio de Janeiro: Omnia, 1933.

BARBOSA, Marialva. O *Cruzeiro*: uma revista síntese de uma época da história da imprensa brasileira. *Ciberlegenda*, n. 7, 2002.

BARBOZA FILHO, Rubem. *Tradição e artifício*: iberismo e barroco na formação americana. Belo Horizonte: UFMG, 2000.

BARROS, Nilson Cortez Crocia de. Delgado de Carvalho e a geografia no Brasil como arte da educação liberal. *Estudos Avançados*, v. 22, n. 62, p. 317-333, 2008.

BECKER, Berta. Estratégia do Estado e povoamento espontâneo na expansão da fronteira agrícola em Rondônia: integração e conflito. In: _____; MIRANDA, Mariana; MACHADO, Lia Osório (Org.). *Fronteira amazônica*: questões sobre a gestão do território. Brasília: UnB, 1990.

BITTENCOURT, João. O presidente Getúlio Vargas e o caminho para o Ocidente. *Cultura Política*, ano III, n. 27, maio 1943.

BOMENY, Helena M. Infidelidades eletivas: intelectuais e política. In: _____ (Org.). *Constelação Capanema*: intelectuais e política. Rio de Janeiro: FGV, 2001.

## Bibliografia

BRANDÃO, Gildo Marçal. *Linhagens do pensamento político brasileiro*. São Paulo: Fapesp; Hucitec, 2007.

BURNS, Edward Bradford. Brazil: frontier and ideology. *Pacifical Historical Review*, 1995.

CAMARGO, Alexandre de Paiva Rio. O ideário cívico do IBGE: reformas sociais de base de Projeto de Brasil aos olhos da estatística. *História das Estatísticas Brasileiras*, v. III (1936-c. 1972). IBGE, Centro de Documentação e Disseminação de Informações, 2008.

CAMARGO, Aspásia; GÓES, Waldez de. *Diálogo com Cordeiro de Farias*: meio século de combate. Rio de Janeiro: Bibliex, [1981] 2001.

CAMPOS, Maria Verônica. Goiás na década de 1730: pioneiros, elites locais, motins e fronteira. In: BICALHO, Maria Fernanda; FERLINI, Vera Lúcia Amaral (Org.). *Modos de-governar*: ideias e práticas políticas no Império Português — séculos XVI-XIX. São Paulo: Alameda, 2005.

CÂNDIDO, Antônio. *Formação da literatura brasileira*. São Paulo: Martins, 1964. v. 2.

CAPELATO, Maria Helena. Propaganda política e controle dos meios de comunicação. In: PANDOLFI, Dulce (Org.). *Repensando o Estado Novo*. Rio de Janeiro: FGV, 1999.

CARONE, Edgard. *O tenentismo*: acontecimentos-personagens-programas. São Paulo: Difel, 1975.

CARVALHO, José Murilo de. Vargas e os militares: aprendiz de feiticeiro. In: D'ARAUJO, Maria Celina (Org.). *As instituições brasileiras na era Vargas*. Rio de Janeiro: FGV, 1999.

_____. *A construção da ordem*: a elite política imperial. Teatro das sombras: a política imperial. Rio de Janeiro: Civilização Brasileira, 2003.

CARVALHO, Péricles Melo. A concretização da Marcha para Oeste. *Cultura Política*, ano 1, n. 8, 1941.

CASAS MENDOZA, Carlos Alberto. *Nos olhos do outro*: nacionalismo, agências indianistas, educação e desenvolvimento,

Brasil-México (1940-1970). Tese (doutorado) — Departamento de Antropologia, Instituto de Filosofia e Ciências Humanas, Unicamp, Campinas, 2005.

CAVALCANTI, Mariana. S/morro, varandão, sala, 3 dorms: a construção social do valor em mercados imobiliários "liminares". *Antropolítica*, n. 28, p. 19-46, 2010.

CHATTERJEE, Partha. *The nation and its fragments*: colonial and postcolonial histories. Princeton: Princeton University Press, 2003.

\_\_\_\_\_. A política dos governados. In: \_\_\_\_\_. *Colonialismo, modernidade e política*. Salvador: Edufba, 2004.

CLTEMA. *Relatório apresentado à Diretoria Geral dos Telégrafos e à Divisão Geral de Engenharia (G.5) do Departamento de Guerra*. 1º v.: Estudos e Reconhecimentos. Luiz Macedo, Rio de Janeiro, [s.d.].

CODATO, Adriano Nervo; GUANDALINI JR., Walter. Os autores e as suas ideias: um estudo sobre a elite intelectual e o discurso político do Estado Novo. *Estudos Históricos*, Rio de Janeiro, v. 32, p. 145-164, 2003.

COMAROFF, John; COMAROFF, Jean. *Ethnography and the historical imagination*. Boulder: Westview, 1992.

COMENTÁRIO internacional. *Novas Diretrizes*, ano 1, v. 1, 1938.

CORREIA, Algenyr dos Santos; NOGUEIRA, Rosa M. Esteves. A intervenção do Estado no domínio econômico: o caso da Coordenação da Mobilização Econômica. *Dados*, v. 13, p. 134-150, 1976.

CORRIGAN, Philip Richard Douglas; SAYER, Derek. *The great arch*: English State formation as cultural revolution. Oxford: Blackwell, 1985.

COSTA, Dina Czeresnia. Política indigenista e assistência a saúde: Noel Nutels e o serviço de unidades sanitárias aéreas. *Cadernos de Saúde Pública*, v. 3, n. 4, p. 388-401, 1987.

COUTO DE MAGALHÃES, José Vieira. *Viagem ao Araguaya*. São Paulo: Companhia Editora Nacional, [1863] 1957.

## Bibliografia

CRULS, Luís. *Planalto Central do Brasil*. 3. ed. Rio de Janeiro: José Olympio, [1894] 1957.

CYTRYNOWICZ, Roney. Além do Estado e da ideologia: imigração, Estado Novo e Segunda Guerra Mundial. *Revista Brasileira de História*, São Paulo, v. 22, n. 44, p. 393-423, 2002.

DAS, Veena; POOLE, Deborah. *Anthropology in the margins of the State*. Oxford; Santa Fe: James Currey; School of American Research Press, 2004.

DAYRREL, Eliane Garcindo. *Colônia Agrícola Nacional de Goiás*: análise de uma política de colonização na expansão para o Oeste. Dissertação (mestrado) — Departamento de Didática, Faculdade de Educação, UFG, Goiânia, 1974.

DODDS, Klaus; ATKINSON, David. *Geopolitical traditions*: critical histories of a century of geopolitical thought. Londres: Routledge, 2000.

DOS PASSOS, John. *Brazil on the move*. Garden City; Nova York: Doubleday, 1963.

DUTRA, Eliana Regina de Freitas. A nação nos livros: a biblioteca ideal na coleção Brasiliana. In: _____; MOLLIER, Jean-Yves. (Org.). *Política, nação e edição*: o lugar dos impressos na vida política no Brasil, na Europa e nas Américas nos séculos XVIII-XX. São Paulo: Annablume, 2006.

DUTRA E SILVA, Sandro. *No Oeste, a Terra e o Céu*: a construção simbólica da Colônia Agrícola Nacional de Goiás. Dissertação (mestrado em sociologia) — UFG, Goiânia, 2002.

EDITORIAL. *Oeste*, ano 1, n. 1, 1942.

ELIAS, Norbert. *O processo civilizador*. Rio de Janeiro: Zahar, 1990. v. 1-2.

ESCOBAR, Arturo. *The making and unmaking of the Third World*. Nova Jersey: Princeton University Press, 1995.

ESTERCI, Neide. *O mito da democracia no país das bandeiras*. Brasília: UnB, 1977.

EVANS, Peter; RUESCHEMEYER, Dietrich; SKOCPOL, Theda. *Bringing the State back in*. Cambridge: Cambridge University Press, 1985.

FARIA, Sheila de Castro. *A colônia em movimento*: fortuna e família no cotidiano colonial. Rio de Janeiro: Nova Fronteira, 1998.

FERREIRA, Lúcio Menezes. Ciência nômade: o IHGB e as viagens científicas no Brasil imperial. *História, Ciências, Saúde — Manguinhos*, v. 13, n. 2, p. 271-292, 2006.

FERRETTI, Danilo José Zione. O uso político do passado bandeirante: o debate entre Oliveira Vianna e Alfredo Ellis Jr. (1920-1926). *Estudos Históricos*, v. 21, n. 41, p. 59-78, 2008.

FLEMING, Thiers. *Nova divisão territorial do Brasil*. Rio de Janeiro, 1939.

FOOT HARDMAN, Francisco; KURI, Lorelai. Nos confins da civilização: *Algumas histórias brasileiras* de Hercule Florence. *História, Ciências, Saúde — Manguinhos*, v. 11, n. 2, p. 385-409, 2004.

FORJAZ, Maria Cecília Spina. *Tenentismo e Forças Armadas na revolução de 30*. Tese (doutorado) — Departamento de Ciências Sociais, FFLCH, USP, São Paulo, 1982.

FOUCAULT, Michel. *Arqueologia do saber*. Petrópolis: Vozes, 1972.

FRANCO, Maria Sylvia de Carvalho. *Homens livres na ordem escravocrata*. São Paulo, 1964.

FREIRE, Carlos Augusto da Rocha. *Sagas sertanistas*: práticas e representações do campo indigenista no século XX. Tese (doutorado) — Programa de Pós-Graduação em Antropologia Social, Museu Nacional, UFRJ, Rio de Janeiro, 2005.

FREITAS, Mário Augusto Teixeira de. O Conselho Nacional de Estatística no "Batismo Cultural" de Goiânia. *Revista Brasileira de Estatística*, v. 3, n. 11, 1943.

GALVÃO, Francisco. O homem e o deserto amazônicos. *Cultura Política*, ano I, n. IV, jun. 1941.

GALVÃO, Walnice Nogueira. *As formas do falso*. São Paulo: Perspectiva, 1972.

GARFIELD, Seth. As raízes de uma planta que hoje é o Brasil: os índios e o Estado-nação na era Vargas. *Revista Brasileira de História*, São Paulo, v. 20, n. 39, p. 15-42, 2000.

_____. *Indigenous struggle at the heart of Brazil*: State policy, frontier expansion and the Xavante Indians (1937-1988). Durham; Londres: Duke University Press, 2001.

GOMES, Angela de Castro. *História e historiadores*: a política cultural do Estado Novo. Rio de Janeiro: FGV, 1999.

GORELIK, Adrian. A produção da cidade latino-americana. *Tempo Social*, São Paulo, v. 17, n. 1, p. 111-133, 2005.

GORSKI, Philip S. Calvinism and State-formation in early modern Europe. In: STEINMETZ, George (Org.). *State/culture*: State formation after the cultural turn. Ithaca; Londres: Cornell University Press, 1999.

GRANN, David. *The lost city of Z*: a tale of deadly obsession in the Amazon. Nova York: Doubleday, 2010.

GUIMARÃES, Fábio Macedo de Soares. Divisão regional do Brasil. *Revista Brasileira de Geografia*, p. 318-373, abr./jun. 1941.

GUIMARÃES, Manoel Luis Lima Salgado. Nação e civilização nos trópicos: o Instituto Histórico Geográfico Brasileiro e o projeto de uma história nacional. *Estudos Históricos*, Rio de Janeiro, v. 1, n. 1, p. 5-27, 1988.

HANSEN, Thomas Blom; STEPPUTAT, Finn. *States of imagination*: ethnographic explorations of the postcolonial State. Durham; Londres: Duke University Press, 2001.

HOCHMAN, Gilberto. *A era do saneamento*: as bases políticas da saúde pública no Brasil. São Paulo: Hucitec; Anpocs, 1998.

IBGE. *Divisão territorial dos Estados Unidos do Brasil*. Rio de Janeiro, 1940.

JAUSS, Hans. Literary history as a challenge to literary theory. *New Literary History*, v. 2, n. 1, p. 3-37, 1970.

JESSOP, Bob. *The capitalist State*: Marxist theories and methods. Nova York: New York University Press, 1982.

JOSEPH, Gilbert M.; NUGENT, Daniel (Org.). *Everyday forms of State formation*: revolution and negotiation of rule in modern Mexico. Durham; Londres: Duke University Press, 1994.

KAREPOVS, Dainis. PSB-SP: socialismo e tenentismo na Constituinte de 1933-34. *Revista Esboços*, n. 16, 2006.

KNIGHT, David Marcus. Travels and science in Brazil. *História, Ciências, Saúde — Manguinhos*, v. VIII, supl., p. 809-822, 2001.

KROPF, Simone Petraglia. En busca de la enfermedad del Brasil: los médicos del interior y los estudios sobre el Mal de Chagas (1935-1956). In: CARBONETTI, Adrián; GONZÁLEZ-LEANDRI, Ricardo (Ed.). *Historias de salud y enfermedad en América Latina*. Córdoba: Centro de Estúdios Avanzados; Conicet, 2008.

KURI, Lorelai. Viajantes naturalistas no Brasil oitocentista: experiência, relato e imagem. *História, Ciências, Saúde — Manguinhos*, v. VIII, supl., p. 881-897, 2001.

LEAL, Hermes. *O enigma do coronel Fawcett*: o verdadeiro Indiana Jones. São Paulo: Geração Editorial, 1996.

LENHARO, Alcir. *Colonização e trabalho no Brasil*: Amazônia, Nordeste e Centro-Oeste — anos 30. Campinas: Unicamp, 1986.

LESSER, Jeffrey. *Negotiating national identity*: immigrants and the struggle for ethnicity in Brazil. Durham: Duke University Press, 1999.

LIMA, Nísia Trindade. *Um sertão chamado Brasil*: intelectuais e representação geográfica da identidade nacional. Rio de Janeiro: Revan, 1999.

_____. Uma brasiliana médica: o Brasil Central na expedição científica de Arthur Neiva e Belisário Pena e na Viagem ao Tocantins de Júlio Paternostro. *História, Ciências, Saúde — Manguinhos*, v. 16, supl. 1, p. 229-248, 2009.

LIMA, Salvadora Cáceres Alcântara de; ABREU, Silvana de. Região Centro-Oeste nos livros didáticos de geografia: um "vazio a ser ocupado (!?). In: ENCONTRO DE GEÓGRAFOS DA AMÉRICA LATINA, X. *Anais*, 2005. Disponível em: <www.observatoriogeograficoamericalatina.org.mx/egal10/Ensenanzadelageografia/Investigacionydesarrolloeducativo/24.pdf>. Acesso em: 14 maio 2011.

LIMA FILHO, Manuel Ferreira. *O desencanto do Oeste*: memória e identidade social no Médio Araguaia. Goiânia: UCG, 2001.

LINS DE BARROS, João Alberto. *Memórias de um revolucionário*: 1ª parte: a marcha da Coluna. Rio de Janeiro: Civilização Brasileira, 1953.

MACHADO, Lia Osório. As ideias no lugar: o desenvolvimento do pensamento geográfico no Brasil no início do século XX. In: ENCONTRO NACIONAL DE HISTÓRIA DO PENSAMENTO GEOGRÁFICO, I. *Anais*. Rio Claro: Fundunesp, 1999.

MACIEL, Dulce Portilho. Aragarças (1943-1968): a moderna urbe na rota para o Oeste. *Plurais*, Anápolis, v. 3, p. 47-68, 2006.

MAGNOLI, Demétrio. *O corpo da pátria*: imaginação geográfica e política externa no Brasil, 1808 a 1912. São Paulo: Unesp; Moderna, 1997.

MAIA, João Marcelo Ehlert. *A terra como invenção*: o espaço no pensamento social brasileiro. Rio de Janeiro: Zahar, 2008a.

_____. Governadores de ruínas: os relatos de viagens de Couto de Magalhães e Leite Moraes. *Estudos Históricos*, Rio de Janeiro, v. 40, p. 3-23, 2008b.

_____. Space, social theory and peripheral imagination: Brazilian intellectual history and de-colonial debates. *International Sociology*, v. 26, n. 3, p. 392-407, 2011.

MAIO, Marcos Chor. Qual antissemitismo? Relativizando a questão judaica no Brasil dos anos 30. In: PANDOLFI, Dulce (Org.). *Repensando o Estado Novo*. Rio de Janeiro: FGV, 1999.

MANN, Michael. *The sources of social power*. Cambridge: Cambridge University Press, 1986.

MARCONDES FILHO, Alexandre. O Estado nacional, a unidade territorial do Império e a vocação americana da República. *Cultura Política*, ano III, n. 27, maio 1943.

MARTINS, José de Souza. O tempo da fronteira: retorno à controvérsia sobre o tempo histórico da frente de expansão e da frente pioneira. *Tempo Social*, São Paulo, v. 8, n. 1, p. 25-70, 1996.

MEDEIROS, Océlio. Governo territorial do Brasil Central. *Revista do Serviço Público*, ano XI, v. 1, n. 3-4, mar./abr. 1948.

MEIRELES, Silo. *Brasil Central*: notas e impressões. Rio de Janeiro: Bibliex, 1960.

MELO, Marcus André B.C. de. Municipalismo, *nation-building* e a modernização do Estado no Brasil. *Revista Brasileira de Ciências Sociais*, v. 8, n. 23, 1993.

MENDONÇA, Sônia Regina de. *O ruralismo brasileiro* (1888-1931). São Paulo: Hucitec, 1997.

_____. Mundo rural, intelectuais e organização da cultura no Brasil: o caso da Sociedade Nacional de Agricultura. *Mundo Agrário*, v. 1, n. 1, jul./dez. 2000.

MENEZES, Maria Lúcia Pires de. *Parque Indígena do Xingu*: a construção de um território estatal. Campinas: Unicamp; São Paulo: Imprensa Oficial, 2000.

MICELI, Sérgio. *Intelectuais à brasileira*. São Paulo: Companhia das Letras, 2001.

MILGRAM, Avraham. Artur Hehl Neiva e a questão da imigração judaica no Brasil. In: FALBEL, Nachman; _____; DINES, Alberto (Org.). *Em nome da fé*: estudos in memoriam de Elias Lipner. São Paulo: Perspectiva, 1999.

MITCHELL, Timothy. The limits of the State: beyond statist approaches and their critics. *American Political Science Review*, v. 85, n. 1, p. 77-96, 1991.

MIYAMOTO, Shiguenoli. *Geopolítica e poder no Brasil*. Campinas: Papirus, 1995.

MONTECCHI, Acir Fonseca. *Teatro de imagens*: a Bandeira Anhanguera através das lentes de Antonio Senatore — 1937. Dissertação (mestrado) — Departamento de História, UFMT, Cuiabá, 2001.

MORAES, Antonio Carlos Robert. *Território e história no Brasil*. São Paulo: Annablume, 2005.

MOURA, Denise Aparecida Soares de. *Sociedade movediça*: economia, cultura e relações sociais em São Paulo — 1808-1850. São Paulo: Unesp, 2005.

MOURA, Gerson. *Sucessos e ilusões*: relações internacionais do Brasil durante e após a Segunda Guerra Mundial. Rio de Janeiro: FGV, 1991.

MOURA, Ignacio Baptista de. *De Belém a São João do Araguaia. Valle do rio do Tocantins*. Rio de Janeiro: Garnier, 1910.

MUMESCI, Leonarda. *O mito da terra liberta*: colonização "espontânea", campesinato e patronagem na Amazônia Oriental. São Paulo: Vértice; Anpocs, 1988.

NANDY, Ashis. *The romance of the State and the fate of dissent in the tropics*. Nova Delhi: Oxford University Press, 2003.

NEIVA, Artur Hehl. A imigração e a colonização no governo Vargas. *Cultura Política*, Rio de Janeiro, ano II, n. 21, 10 nov. 1942.

\_\_\_\_\_. *Estudos sobre a imigração semita*. Rio de Janeiro: Imprensa Nacional, 1945.

OLIVEIRA, Acary de Passos. *Roncador-Xingu*: roteiro de uma expedição. Goiânia: Arcádia Goiana de Cultura, [s.d].

OLIVEIRA, Lúcia Lippi. *Questão nacional na Primeira República*. São Paulo: Brasiliense, 1990.

\_\_\_\_\_. *O Brasil dos imigrantes*. Rio de Janeiro: Zahar, 2001.

\_\_\_\_\_. Estado Novo e a conquista dos espaços territoriais e simbólicos. *Política e Sociedade*, v. 7, p. 13-21, 2008.

OLIVEIRA, Nilda Nazaré Pereira. *A economia da borracha na Amazônia sob o impacto dos Acordos de Washington e da criação do Banco de Crédito da Borracha (1942-1950)*. Dissertação (mestrado) — Programa de Mestrado em História Econômica, FFLCH, USP, São Paulo, 2001.

PASSOS, John dos. *Brazil on the move*. Garden City; Nova York: Doubleday, 1963.

PATERNOSTRO, Júlio. *Viagem ao Tocantins*. São Paulo: Companhia Editora Nacional, 1945. Brasiliana, v. 248. Série 5ª.

PAZ, Mariza Campos da. *Noel Nutels, a política indigenista e a assistência à saúde no Brasil Central (1943-1973)*. Dissertação (mestrado) — Programa de Pós-Graduação em Medicina Social, Uerj, Rio de Janeiro, 1994.

PIMENTEL, Antônio Martins Azevedo de. *O Brasil Central (estudos pátrios)*. Rio de Janeiro: Imprensa Nacional, 1907.

POCOCK, John Greville Agard. *Linguagens do ideário político*. São Paulo: Edusp, 2003.

PONCIANO, Nilton Paulo. O processo civilizador no sul de Mato Grosso: a colônia agrícola nacional de Dourados. *Anacleta*, v. 2, n. 1, p. 93-101, 2001.

PONTES, Heloísa. Retratos do Brasil: editores, editoras e "Coleções Brasilianas" nas décadas de 30, 40 e 50. In: MICELI, Sérgio (Org.). *História das ciências sociais no Brasil*. São Paulo: Sumaré, 2001. v. 1.

POULANTZAS, Nicos. *Pouvoir politique et classes sociales*. Paris: Maspero, 1972.

PRADO JUNIOR, Caio. Problemas de povoamento e a pequena propriedade. *Cultura Política*, ano III, n. 12, 1944.

PRESTES, Anita. *A Coluna Prestes*. São Paulo: Brasiliense, 1991.

PROBLEMAS da imigração. *Novas Diretrizes*, ano 3, v. 16, fev. 1940.

RAMOS, Hugo de Carvalho. *Tropas e boiadas*. 8. ed. Goiânia: UFG; Fundação Cultural Pedro Ludovico Teixeira, [1917] 1997.

RAMOS, Jair de Souza. O poder de domar do fraco: construção de autoridade pública e técnicas de poder tutelar nas políticas de imigração e colonização do Serviço de Povoamento do Solo

## Bibliografia

Nacional, do Brasil. *Horizontes Antropológicos*, v. 9, n. 19, p. 15-47, 2003.

RIBEIRO, Darcy. Apresentação. In: VILLAS BÔAS, Orlando; VILLAS BÔAS, Cláudio. *A marcha para o Oeste*: a epopeia da Expedição Roncador-Xingu. São Paulo: Globo, 1994.

RIBEIRO, Vanderlei Vazelesk. *Um novo olhar para a roça*: o projeto agrário do Estado Novo e a reação dos proprietários de terra (1937-1945). Dissertação (mestrado) — Programa de Pós-Graduação em História Social, IFCS, UFRJ, Rio de Janeiro, 2001.

RIBEIRO DA SILVA, Hermano. *Nos sertões do Araguaia*: narrativas da expedição às glebas bárbaras do Brasil Central. São Paulo: Saraiva, [1935] 1949.

RICARDO, Cassiano. *A marcha para Oeste*: a influência da "bandeira" na formação política e social do Brasil. Rio de Janeiro: José Olympio, 1940.

RODRIGUES, Leôncio Martins. O PCB: os dirigentes e a organização. In: FAUSTO, Boris. *O Brasil republicano*. São Paulo: Difel, 1981.

RODRIGUES, Lysia. *Roteiro do Tocantins*. Rio de Janeiro: José Olympio, 1943.

RONDON, Frederico Augusto. *Pelo Brasil Central*. São Paulo: Companhia Nacional, 1934.

\_\_\_\_\_. *Na Rondônia Ocidental*. São Paulo: Companhia Nacional, 1938.

ROQUETTE-PINTO, Edgar. *Rondônia. Antropologia-Ethnographia*. 7. ed. Rio de Janeiro: Fiocruz, 2005.

ROSA, Marcelo. Sem-terra: os sentidos e as transformações de uma categoria de ação coletiva no Brasil. *Lua Nova*, n. 76, p. 197-227, 2009.

SÁ, Dominichi Miranda de; SÁ, Magali Romero; LIMA, Nísia Trindade. Telégrafos e inventário do território no Brasil: as atividades científicas da comissão Rondon (1907-1915). *História, Ciências, Saúde — Manguinhos*, v. 15, n. 3, p. 779-810, 2008.

SABOYA, Vilma Eliza Trindade de. Território e fronteira: Virgílio Correia Filho no Conselho Nacional de Geografia. *Territórios e Fronteiras*, v. 6, n. 1, p. 213-239, jan./jul. 2005.

SAID, Edward. *Orientalism*. Nova York: Vintage, 1978.

SALGADO, Plínio. *A voz do Oeste (romance-poema da época das bandeiras)*. Rio de Janeiro: José Olympio, 1934.

SANTOS, Luiz Antônio de Castro. O pensamento sanitarista na Primeira República: uma ideologia de construção da nacionalidade. *Dados*, v. 28, n. 2, p. 193-210, 1985.

SCOTT, James C. *Seeing like a State*: how certain schemes to improve the human condition have failed. Yale: Yale University Press, 1988.

SECRETO, María Verónica. A ocupação dos "espaços vazios" no governo Vargas: do "Discurso do Rio Amazonas" à saga dos soldados da borracha. *Estudos Históricos*, Rio de Janeiro, v. 2, n. 40, p. 115-135, 2007.

SEITENFUS, Ricardo Antônio Silva. *O Brasil perante os Estados Unidos e o Eixo*: o processo de envolvimento na Segunda Guerra Mundial. Trabalho apresentado para o projeto de pesquisa coletiva Sessenta Anos de Política Externa Brasileira (1930-1990). Desenvolvido conjuntamente pelo Instituto de Pesquisa de Relações Internacionais do MRE e pelo Núcleo de Política Internacional e Comparada da USP, 1993.

SEYFERTH, Giralda. Concessão de terras, dívida colonial e mobilidade. *Estudos Sociedade e Agricultura*, v. 7, p. 29-58, dez. 1996.

_____. Os imigrantes e a campanha de nacionalização do Estado Novo. In: PANDOLFI, Dulce (Org.). *Repensando o Estado Novo*. Rio de Janeiro: FGV, 1999. p. 257-288.

SILVA, José Francisco Graziano da. *A modernização dolorosa*: estrutura agrária, fronteira agrícola e trabalhadores rurais no Brasil. Rio de Janeiro: Zahar, 1982.

SILVA, Ligia Maria Osorio; SECRETO, María Verónica. Terras públicas, ocupação privada: elementos para a história comparada da apropriação territorial na Argentina e no Brasil. *Economia e Sociedade*, Campinas, n. 12, p. 109-141, jun. 1999.

SILVA, Moacyr. Revivescendo as fronteiras... preparando os territórios federais. *Novas Diretrizes*, ano II, v. 9, jul. 1939.

SKINNER, Quentin. Meaning and understanding in the history of ideas. *History and Theory*, v. 8, n. 1, p. 3-53, 1969.

_____. *The foundation of modern political thought*. Cambridge: Cambridge University Press, 1978.

SODRÉ, Nelson Werneck. *Oeste*: ensaio sobre a grande propriedade pastoril. Rio de Janeiro: José Olympio, 1941.

_____. *Do tenentismo ao Estado Novo*: memórias de um soldado. Petrópolis: Vozes, 1986.

SOUZA LIMA, Antonio Carlos. *Um grande cerco de paz*: poder tutelar, indianidade e formação do Estado no Brasil. Petrópolis: Vozes, 1995.

_____ (Org.). *Gestar e gerir*: estudos para uma antropologia da administração pública no Brasil. Rio de Janeiro: Relume-Dumará, 2002.

STAVENHAGEN, Rodolfo. Sete teses equivocadas sobre a América Latina. *Política Externa Independente*, Rio de Janeiro, ano I, n. 1, maio 1965.

STEINMETZ, George (Org.). *State/culture*: State formation after the cultural turn. Ithaca; Londres: Cornell University Press, 1999.

SÜSSEKIND, Flora. *O Brasil não é longe daqui*. São Paulo: Companhia das Letras, 1990.

SWIDLER, Ann. *Talk of love*: how culture matters. Chicago: University of Chicago Press, 2003.

TACCA, Fernando de. *Rituaes e festas Bororo*: a construção da imagem do índio como "selvagem" na Comissão Rondon. *Revista de Antropologia*, v. 45, n. 1, p. 187-219, 2002.

TEIXEIRA, Pedro Ludovico. *Memórias*. Goiânia: Cultura Goiana, 1973.

TEIXEIRA DA SILVA, Francisco Carlos. Vargas e a questão agrária: a construção do fordismo possível. *Diálogos*, n. 2, p. 113-127, 1998.

TELES, Vera da Silva. Ilegalismos urbanos e a cidade. *Novos Estudos Cebrap*, n. 84, p. 153-173, 2009.

TELLES, Carlos. *História secreta da Fundação Brasil Central (retrato de João Alberto e de uma época)*. Rio de Janeiro: Chavantes, 1946.

TILLY, Charles. *Coerção, capital e Estados europeus*. São Paulo: Edusp, 1996.

TRAVASSOS, Mário. *Projeção continental do Brasil*. São Paulo: Companhia Nacional, 1935.

TULLY, James. *Meaning and context*: Quentin Skinner and his critics. Cambridge: Polity, 1988.

UM homem e uma obra. *Oeste*, n. 6, jul. 1943.

VALVERDE, Orlando. Tocantins-Araguaia, eixo do Brasil. *Cultura Política*, ano II, n. 13, mar. 1942.

VARGAS, Getúlio Dorneles. Discurso do Rio Amazonas. *Revista Brasileira de Geografia*, v. 4, n. 2, p. 259-262, 1942.

VARJÃO, Valdon. *Aragarças*: portal da Marcha para o Oeste. Brasília: Senado Federal, Centro Gráfico, 1989.

VELHO, Otávio. *Capitalismo autoritário e campesinato*: um estudo comparativo a partir da fronteira em movimento. São Paulo: Difel, 1976.

VELLOSO, Mônica Pimenta. Uma configuração do campo intelectual. In: OLIVEIRA, Lúcia Lippi; _____; GOMES, Angela Maria de Castro (Org.) *Estado Novo*: ideologia e poder. Rio de Janeiro: Zahar, 1982.

VERGARA, Moema de Rezende. Ciência e história no relatório da Comissão Exploradora do Planalto Central na Primeira República. *História, Ciências, Saúde — Manguinhos*, v. 13, n. 4. p. 909-925, out./dez. 2006.

VICENTINI, Albertina. O sertão e a literatura. *Sociedade e Cultura*, v. 1, n. 1, p. 41-54, 1998.

VIEIRA, Tâmara Rangel. *Uma clareira no sertão?* Saúde, nação e região na construção de Brasília (1956-1960). Dissertação (mestrado) — Programa de Pós-Graduação em História das Ciências e da Saúde, Casa de Oswaldo Cruz, Rio de Janeiro, 2007.

VILLAS BÔAS, Gláucia. *A recepção da sociologia alemã no Brasil.* Rio de Janeiro: Topbooks, 2006.

VILLAS BÔAS, Orlando; VILLAS BÔAS, Cláudio. *A marcha para o Oeste*: a epopeia da Expedição Roncador-Xingu. São Paulo: Globo, 1994.

WALLACE, Alfred Russel. *Viagens pelo Amazonas e rio Negro.* São Paulo: Companhia Editora Nacional, 1939.

WEINSTEIN, Barbara. Racializando as diferenças regionais: São Paulo × Brasil, 1932. *Esboços*, n. 16, p. 281-303, 2007.

WERNECK VIANNA, Luiz J. *A revolução passiva*: iberismo e americanismo no Brasil. Rio de Janeiro: Revan, 1997.

ZIMBARG, Luiz Alberto. *O cidadão armado*: tenentismo e comunismo: 1927-1945. Dissertação (mestrado) — Programa de Pós-Graduação em História, Faculdade de Ciências e Letras, Unesp, Franca, 2001.

# Agradecimentos

Este livro só poderia ter sido realizado no ambiente do Centro de Pesquisa e Documentação de História Contemporânea do Brasil (Cpdoc), instituição da qual orgulhosamente faço parte desde 2007. Lá contei com o apoio fundamental de Lúcia Lippi (que me deu o tema deste livro) e Helena Bomeny, até hoje minhas mentoras, e com o suporte institucional providenciado por Celso Castro, diretor da casa. Com Lúcia e Helena criei o Laboratório de Estudos Brasileiros, hoje rebatizado Laboratório de Pensamento Social (Lapes), no qual convivo e aprendo muito com Bernardo Buarque, Cláudio Pinheiro e Vanuza Braga.

Ainda no Cpdoc, outros colegas foram importantes para a realização deste livro: Paulo Fontes foi paciente explicador das artes dos historiadores; Matias Spektor sempre insistiu na clareza como meta; e Mariana Cavalcanti me lembrou de que somos, acima de tudo, cientistas sociais. Finalmente, sem os profissionais que cuidam e pensam os arquivos do Cpdoc não teria podido me valer de forma rápida e eficaz de parte significativa das fontes deste trabalho. Agradeço especialmente a Renan Marinho.

Rômulo Gama foi meu bolsista de iniciação científica ao longo de todo o projeto, e foi incansável no trabalho de rastreamento de fontes e arquivos, seja na Biblioteca Nacional, seja no Museu do Índio.

Este trabalho se valeu muito das discussões feitas no GT de Pensamento Social Brasileiro da Sociedade Brasileira de Sociologia (SBS). Agradeço a André Botelho, Nísia Lima, Rubem Barboza Filho e Marcos Chor Maio os comentários e sugestões.

Manuel Ferreira, Eliane Dayrell, Dulce Maciel e Sandro Dutra e Silva são grandes pesquisadores da Fundação Brasil Central (FBC) e sempre acolheram bem minhas perguntas e dúvidas. Seus trabalhos foram referências.

Os funcionários do Arquivo Nacional em Brasília foram essenciais, pois ajudaram a me localizar entre as 200 caixas de arquivos da FBC. Agradeço especialmente a Deisy Rosa da Silva, Vera Lúcia Duarte e Maria Vilani. Marcelo Rosa e Guilherme José me receberam em Brasília mais de uma vez, sempre com hospitalidade.

O pessoal da Editora FGV fez um excelente trabalho neste livro. Agradeço especialmente a Daniel Seidl de Moura e a Marieta de Moraes Ferreira.

Luiz Werneck Vianna escreveu a orelha deste livro e foi fonte constante de inspiração intelectual.

Agradeço ao Conselho Nacional de Desenvolvimento Científico e Tecnológico (CNPq), que financiou a pesquisa por meio de seu Edital Universal 2007, e à Fundação de Amparo à Pesquisa do Estado do Rio de Janeiro (Faperj), que concedeu uma bolsa de iniciação científica.

Minha filha Helena aguentou longas ausências e sempre me deu alegria.

Angela me deu tudo aquilo que não cabe nestas linhas, mas que é o que realmente importa em nossa vida.

Esta obra foi produzida nas
oficinas da Imos Gráfica e Editora na
cidade do Rio de Janeiro